江氏操盘手
Jiang Shi Cao Pan Shou

顺势而投

实战版

孙艺玮　江海◎著

四川人民出版社

图书在版编目（CIP）数据

顺势而投：实战版/孙艺玮，江海著. —成都：
四川人民出版社，2021.9（2022.7 重印）
（江氏交易战法系列 / 江海主编）
ISBN 978−7−220−12395−5

Ⅰ.①顺… Ⅱ.①孙… ②江… Ⅲ.①股票投资
Ⅳ.①F830.91

中国版本图书馆 CIP 数据核字（2021）第 155573 号

SHUNSHI ER TOU SHIZHANBAN

顺势而投（实战版）

孙艺玮　江　海　著

出 品 人	黄立新
策划组稿	王定宇
责任编辑	王定宇　许　茜
封面设计	李其飞
版式设计	戴雨虹
责任校对	何佳佳
责任印制	许　茜

出版发行	四川人民出版社（成都三色路 238 号）
网　　址	http://www.scpph.com
E-mail	scrmcbs@sina.com
新浪微博	@四川人民出版社
微信公众号	四川人民出版社
发行部业务电话	(028) 86361653　86361656
防盗版举报电话	(028) 86361661
照　　排	四川胜翔数码印务设计有限公司
印　　刷	四川机投印务有限公司
成品尺寸	185mm×260mm
印　　张	12.5
字　　数	172 千
版　　次	2021 年 9 月第 1 版
印　　次	2022 年 7 月第 2 次印刷
书　　号	ISBN 978−7−220−12395−5
定　　价	49.00 元

证券投资的新篇章

北京大学中国金融研究中心证券研究所所长　吕随启

　　我与江海老师相识已经 7 年，他在股市中的投资经验已 16 年有余，拜访过十几位中国股市中的前辈，跟随其在股票投资上的授业恩师 8 年，加上自己的自律、勤奋，因此在证券投资上取得了非凡的造诣。从 2011 年到今年一路走来，2011 年 7 月 20 日、2011 年 10 月 17 日、2014 年 7 月 24 日、2015 年 6 月 12 日……大盘每次的变盘点都能够提前做出精准预判。

　　我们早在几年前就有约定，如果江海老师出版股票投资的书籍，我一定会为他作序。因为我见证了中国股市一次又一次的涨涨跌跌起起落落，见证了中国股民在这条道路上所走的弯路，甚至有的人走向了万劫不复的深渊，伤害了自己、伤害了家庭、伤害了周围的朋友。江海老师愿意将他所学、所知、所悟向中国股民公开，对于整个证券市场都是值得庆祝的好事。而且更让我欣慰的是，江海老师会将其所学的证券投资知识通过江氏交易天机系列丛书的方式毫无保留地向读者公布出来。

　　曾经和江海老师开玩笑时问道：你的这套交易体系已经足够让您轻松地在这个市场中如鱼得水甚至平步青云，为什么还整天不辞辛苦地奔波于全国各地讲课，每天工作时间都超过 14 小时？他回答：我个人以及我的家庭在这个市场中都不会为财富发愁，我也可以通过我的财富去帮助更多需要的人，但是授人以鱼不如授人以渔，凭一已之力又能帮助多少人呢？我愿意通过讲课的方式将我们交易体系的知识传授给有缘人，愿意帮助他们在这个市场中成长：一方面是将我们交易体系的知识进行传承，成就更多的人一起把爱传递开来；另一方面"法布施得智慧"，生命不息、学习不止，这是我的人生信条，也是我愿意站在讲台上的原因，为证券投资传经布道，启迪他人，修炼自己。

中国证券市场还在不断发展和完善的过程中，上市公司的数量会不断增多，交易规则会不断完善，投资的难度越来越大，如果不通过有效的学习把自己变得更加专业，就很可能让自己变成任人宰割的羔羊。江氏交易天机的整套书籍在经典技术分析的基础上，充分结合了A股市场的特性，从多方位对股票价格的运行进行分析，而且充分考虑到不同水平投资者的需求，从浅入深，充分结合案例进行深度解读。证券投资不是一招一式就能做到稳定盈利的，一定是在对技术有了全方位的研究之上，熟悉了股价运行的结构和逻辑后，才能够"悟"到的，更不是按照自己的思维方式去预测股价。在丛书中，作者会经常提到主力思维的重要性，培养散户要养成这种思维方式，建立自己的交易模型，并且需要严格去执行，不去妄测市场，而是要跟随趋势。

K线是证券投资的基础，是进入证券市场的第一堂课，《买在起涨》对各种K线形态进行了量化的定义，每个形态背后多空资金是如何博弈的，散户的思维方式和主力的思维方式有何不同，同一个形态在股价运行的不同位置出现时的不同含义是什么等问题，都进行了深度解读。在传统的技术分析中，从K线图中只能解读到高开低走有限的信息，《买在起涨》颠覆了这种红买绿卖表象的分析方式，而是从多空博弈的角度解读了股价运行的逻辑。

涨停板是最吸引投资者的一种股价快速上涨的技术形态，因为它可以带来最丰厚的投资利润。从统计学和概率论的角度上来说，风险和收益之间是对称的，获得更大的收益要面临更大的风险，但是对于理解股价运行逻辑的人来说，好的投资机会一定是承受小的风险的同时能够带来更大的收益。《涨停聚金》是针对不同位置的涨停板进行透彻分析，深度剖析什么位置的涨停板最具有小风险大收益的投资机会。

趋势是打开证券交易的一把钥匙。这把钥匙在这个市场中已经传递了近百年，但是能够正确使用这把钥匙打开证券投资这把锁的人却屈指可数。每一位能够正确使用这把钥匙的人都付出了无数的努力和辛酸，所以都不会轻易讲出它的核心在哪里，更不愿意将其公之于众。《趋势为王》是我读过的证券投资类书籍中关于趋势、波段讲解比较透彻的一本，它将道氏理论、波浪理论、时间周期理论等多种定性的理论进行定量分析，一层一层地揭开了股价运行的内部结构，是能够实现投资者同市场进行对话的一本难得的好书。

虽然盘口是股票交易中的最小单位，但是它决定了任何一种行情机会的转变，更是主力资金同散户进行互动的最直接的"战场"。投资者经常以为能够从盘口中看出当下的主力是在建仓、拉升还是出货，但是结果却是事与愿违，股价的真实方向和判断的主力意图是相反的。这就要上升到人性和博弈层面上，并且切实地结合股价运行的位置要素进行综合分析，才能准确地发现主力运作目的。这是市场上众多盘口书籍不能解决的问题，却正是《庄散博弈》这本书最大的亮点。

均线对于交易的辅助作用非常大，但是均线的参数该如何设置，不同的均线参数会直接决定交易的结果。实际上均线和K线的阴阳一样，只代表市场运行过程中的一种表象，均线背后的真实意义才是最具有研究价值的。《黑马在线》立足于从面到点，从整体到局部的分析方式，建立了均线分析之前的位置要素分析模式，跳出"均线参数"的谜团，更注重主力行为和趋势的分析，回归价格结构的本源分析。

本人对《价值爆点》的感触最大，证券市场不仅有股价的起起落落，更有其背后人性上的明争暗斗。西方传统的价值投资经典在 A 股上难免水土不服，但是有理论支撑的基础上再结合 A 股的特色，更容易形成一套战无不胜的交易系统。如果说江氏操盘经典系列的其他书籍偏向于对"术"层面上的讲解，那么《价值爆点》则是百尺竿头将整个体系的投资精髓晋升到了"法"和"道"的层面上。

我对国际金融研究得比较多，中国的金融市场和证券市场正在蓬勃发展，严格监管更是为它的健康发展提供了新的机遇，在这个过程中会有无数优秀的投资个体、投机机构快速发展。《江氏交易天机》一定会为想在中国证券市场快速发展的进程中取得优异成绩的您插上双翼，助您快速起航、搏击证券投资的苍穹。

2017 年 6 月 1 日

趋势之道

西南财经大学中国金融研究中心　　潘席龙

作为一名长期开设《公司金融》课程的老师，几乎会本能地相信价值投资而不自觉地排斥技术分析方法。原因是，这门课的核心就是基本面分析。课程中，学生经常提出的问题之一就是："老师，书上这些东西究竟能不能直接用来炒股呀？"

我的回答是，书上讲的是"应该如何"，与现实中的"实际如何"常常相去甚远。至于为什么实际不是"应该"那样，我给出的理由之一常常是，这些西方经济学的东西，是以西方市场经济体制为基础的，而我国金融市场具有自己的独特性，与西方发达国家的金融市场之间存在显著差异，因此，将西方金融投资书籍中的结论生搬硬套到我国股市上是行不通的。有时，我还会引用一句俗语"尽信书不如无书"来给他们做说明。

对西方教科书进行质疑很简单，却产生了新的问题，那就是：在我国这样特殊的金融市场上，究竟应该如何分析和判断股票呢？众所周知，对股票的分析方法，常用的无非是基本面和技术分析两类。如果基本面分析本身在我国股市上效果不理想，难道我们只能靠技术分析法？

很多学院派人士都不太赞同技术分析法，普遍的理由是，技术分析法没有充分的理论依据或者缺乏足够的理论支持，通俗地讲，就是这些方法背后缺乏"有必然性"的原理来支撑。尽管计量经济学、统计学和大量实证研究提供了许多证据，但从学院派来看，这些所谓的证据也只不过是统计学或计量经济学上的"巧合"，未必代表经济学之"必然"。正如波普尔在《科学发现的逻辑》中所说："单个观察事实足以证伪全称陈述，科学与非科学的划界标准是经验证伪原则。"对于倍受争议的技术分析法及其不同流派，我们肯定没办法使用"全称陈述"擅下结论，也就是难以直接全面地证实其对错，也许，这才是市场最有意思的地方，否则，市场反而失去了其固有的魅力和经济作用。

偶然的机会，看到江海老师的"江氏交易战法"系列丛书，看到了江海老师反复在努力证明：技术分析本身是有价值的、有用的；感觉其没用，主要原因还是没学到家，只学到了皮毛，没学到实质。这些书中显示，他至少从以下几个方面，做出了有益的探索和努力。

一是"以资金动向为核心"。K线图红红绿绿、股价上上下下，有许多刚入门的投资者喜欢凭直觉或感觉，认为"长跌必涨、长涨必跌"，看线的高低就贸然地投进去，一段时间后发现实际走势并不是当初想象那样，于是开始学习诸如波浪理论之类的分析方法。刚学了几个概念就又信心满满地准备大赚一把，市场却几乎无一例外地再给他们上了一课，那就是"反着看，波浪无比清晰，面向未来需要预测和分析时却一片茫然"。为什么会这样呢？按江海老师的观点，这些投资者都犯了一个共同的错误，那就是"只见到了现象，而没触及现象背后的本质"。股市信息满天飞，究竟什么才是股市波动的本质呢？市场永远不缺的就是各种各样的"信息"，甚至所谓的"内幕信息"，然而，真正让我们困惑的不是有没有信息，而是哪些信息是真的、哪些信息是假的。众所周知，我国股市的信息质量长期以来是难以令人满意的，比如蓝田股份事件、万福生科事件等。每次交易完成后或者相关事件公开后，回头一看，信息的真假总是那么一目了然，但面对还没有发生的未来，一切又是那么难以判断。对此，江海老师认为，"不要只听别人怎么说，关键要看怎么做；而要看清别人怎么做，关键则是看资金在如何动，看清真金白银在如何进出"。仔细想来，这与西方经济学家提出的市场有效理论中"价格包含了当前所有的信息"，在本质上是一致的。而江海老师认为，透过价格看到真正的信息，关键就在于牢牢掌握资金的运动轨迹、趋势和规律，分析出主力资金的动向和投资策略。

二是"高者谋势、下者谋点"。初学投资的人，总是奢望能在最低点买入，在最高点卖出。而江海老师在书中指出，这种想法并不现实，也不是投资能否持续成功的关键。投资的成败，不是追求某一次抓住了某个点，而是要保持相对稳定的成功率。所以，他认为，比抓住某个具体点位更重要的是能否找准发展的趋势以及判断这一点位未来的发展方向。仔细想来，同一个点位，在未来既可能向上也可能向下，同时还不能完全排除不变，那未来究竟会如何变？这就是趋势分析才能回答的问题。正如《孙子兵法》所讲，"善胜者，先为己之不可胜"，真正的投资人应该先学会判断方向，避免犯方向性错误，而不是过分拘泥于某个点位的高低。只有将点位置于趋势之中，其分析才有意义，否则，就不是投资，而只是凭运气在赌博。

三是"回归人性和人心"。股市的复杂，人人皆知。然而，无论多么复杂，也只是在一定市场规则下，市场参与者行为的综合结果，更简单地讲，是人的行为的结果。即使是机构投资者，背后也是一个个的人。既然是人，就必然脱不了共有的人性和人心，比如趋利之心、避险之心、"诡道"之心等，由此，江海老师对趋势成因的分析、人性弱点的讨论等，都是这方面的尝试。初学者看到顶底出现时，常常不知所措、无所适从。其实，大家在学习各种投资策略时，不要过分拘泥于操作本身，而要像江海老师提出的那样，回归人性和人心，"将心比心"，将自己放在机构投资者或主力的位置上进行思考并设计交易策略，这样才能更好地知彼知己并掌握先机，也才有可能百战不殆。

　　回到最初学生提出的问题，在我国金融市场中基本面分析是否有价值，或者说我们能不能只钻研技术分析的技巧呢？当然不能。仔细研究就会发现，江海老师的书中，对形势、趋势的分析，表面上是"技术"的，背后却无时无刻不在关注着基本面和公司的真正价值这个"道"。股票的价格，终究会回到其真正的价值水平上来。这也是大家在阅读江海老师这套丛书时要特别注意的地方，也就是，不要"迷于技"，更要"悟于道"。

　　谨做此序，一方面祝贺江海老师著作等身，感谢他能慷慨地与广大投资者分享他多年的投资心得和经验；另一方面，也祝投资者们阅读此书能收获满满，投有所得、投有所悟、投有所成！

2021 年 7 月 31 日

目 录

第一部分　顺势而投的分析系统

第二部分　顺势而投的交易系统

第四部分 顺势而投的决胜根本

第一部分
顺势而投的分析系统

知道和做到的距离有多远？知道和做到哪个更容易？这是你在深度阅读和学习本书知识之前需要明白的两个问题。如果你误把"知道"当作"可以做到"，盲目、过分地参与交易，最后一定会事与愿违，甚至导致不可挽回的结果。知道和做到的距离就是你的总结、思考和修正的能力。

本书中把知道和做到进行了详细拆解，第一部分在趋势为王的基础上让大家进一步了解应该知道的趋势原理，第二部分来解决如何做到的问题。之前的学员和读者反馈说做到好难啊，现实是"知道真正的好方法"比"做到"更难。所以第一部分重点讲解的就是在做到顺势之前，我们需要从历史的走势中先要知道什么。

分析系统要做的事情就是分析历史已经走出来的态势。

第一章

相信趋势

趋势的力量来自哪里？

趋势理论不是来源于证券市场，它的产生远远早于证券市场，它代表的是一种可以延续的规律，就像春天开始了会持续大约 3 个月的时间，然后会逐渐步入夏季。每个节气都会有它持续的时间，然后开始新的节气，这是一种转变，进入新的节气之后，又会在新的规律下运转。在中国传统的日历中用的是二十四节气的方式来识别季节的变化。因为相信这种规律，所以我们知道在立春后开始耕田，在立秋后开始秋收。相信了规律的力量，人类在这些规律之下生息繁衍，最终受益于规律。

虽然节气的划分是人类的主观行为，但是我们基本上抓住了事物运行的规律，我们大概率地识别了事物的真相，即使没有办法完全去认识它，但是"大概的了解"也足以让整个人类社会在这种规律中受益。

要想受益于趋势，必须先要相信趋势；要想做到顺势而为，必须先要相信价格会按照趋势的方式进行，而且趋势一旦形成会具有延续性。在证券市场中，如果你把趋势理论单纯地理解为那根直线，就太片面了，一叶障目的结果就是你会被这种主观的限定给绑架。牛熊的轮回是证券市场最大的规律，也是最大的趋势，其中有看得见的涨跌，更有涨跌背后能够驱动涨跌的力量。看得见的为表象，看不见的才是本质。从表面出发，去寻找规律，只能描述其大概，而且预见性是非常有限的，只有从本质出发，识别出来的规

律和趋势才有更强的预见性，才会更有助于你的交易。

第一节　技术分析的假设

技术分析的信仰者把市场行为包容一切、价格以趋势的方式演变、历史会重演这三条作为技术分析的三大公理来奉行，因为这是趋势老祖宗道氏理论涵盖的内容。虽然交易不要过分较真，但还是要有点格物致知的精神，不是别人说什么你都要无条件相信，而是要通过自己的头脑进行思考、分析和判断。西方经济学中的很多理论在历史舞台上已经黯然失色，博大精深的中国文化解决了一个又一个让全世界困扰的难题。曾经向西方的拿来主义已经过时，精湛的中国传统思维方式会让新一代的中国人在各个领域大放异彩。本书全面融合了中国传统文化的智慧，交易已不单纯是一项技能的提升，更是智慧的升华。

其实，前面提及的三条公理即是技术分析的三个假设。也就是说，你在单纯地运用技术分析之前，是有三个人为设置的条件的，至于这三个条件到底是不是真的存在，只有市场自己知道。在市场中依赖某个技术方法，靠长期坚持的严格执行力也可能盈利，但是你必须知道它的弊端在哪里，因为当这种小概率的弊端出现的时候对于你来说可能是致命的。

1. 市场行为包容一切

这是技术分析经常用到的前提之一，但是出现大幅亏损和交易的重大失误也源自这一点。价格的涨跌反映出了一切利多、利空消息，是所有市场参与者在对这些信息和预期做出系列的行为之后的结果。这个假设的前提是没有错的，但是回到实战中一定要注意区分这一点：价格反映的是对历史已经发生的一切事实作出反应后的结果。

无论我们有多么的勤奋，看过多少书、积累了多少牛熊市的经验、每天有多长时间盘感的积累，我们都没有办法完全认识市场。因为市场包容的一切是历史走势，如果从一个老师的角度进行行情分析是没问题的，但是实战需要我们面对的是未来！这是一个事实，但笔者更想让大家能够理性客观地认识到真实的市场，如果你对市场的理解是片面的，就没有办法走上"正路"。既然我们明白市场是没有办法完全识别的，就要懂得在市场中的放弃和舍得，知道自己能赚什么钱、该赚什么钱，你就不会被市场左右了。

贵州茅台历史的上涨趋势非常漂亮，这和它前无古人的业绩息息相关。现在贵州茅台股价的高点是2627（到本书付梓之际），未来是否能够突破？从它业绩的表现和A股机构资金结构的角度上大概率是会突破的，这是对股价未来走势的预期，属于分析层面，并不属于交易层面。但是在未来的突破行为中，一定是伴随着它利好的发酵、资金的青睐，也就是说突破的行为本身才是对它信息的真实反应。如果你是交易型选手，绝对不会选择贵州茅台，这是由股价推动的资金属性决定的，这不是本书的重点。但是这也是一种典型的舍得的过程。

市场是没办法被我们完全认识的

价格反映的是看得到的、已经发生的事实，但是我们想在交易中获得的盈利是在未来发生的，而不是历史的走势。每一次交易的行为，都应该建立在充分的分析基础之上，分析的过程是为了让我们尽量接近市场真相。

2. 价格以趋势的方式进行演变

什么是趋势？就是股价不断创新高和不断创新低的过程，我们在后文会给大家做更加明确的定义和解释。简而言之，市场被分为上升趋势、下降趋势和横盘走势三种情况，而且这似乎是一种对市场的完全分类，能够解释市场所有的走势情形。当然，这只是对趋势进行了上涨、下跌和横盘最基本的划分，并不能完全解决交易上的问题。

对于这一条，笔者认为它并不是假设范畴的，而是对市场运行模式本质上的揭示。哪只股票或者哪个大宗商品价格的走势不是按照这三种趋势的方式运行的呢？走势虽然每天都是在上涨、下跌和横盘之中演变，但是却走不出两段完全一样的。在交易中获利，不是只有在完全复制了之前走势的时候才能够出手，它是需要时间来观察和跟进的。

市场中永不改变的规律就是变化

上文强调过我们是没有办法完全认识市场的，有个根本的原因在于市场一直都处于变化之中。股价的变化是人们对一些信息作出反应的行为的结果，信息是瞬息万变的，人的反应更是瞬息万变的。无论在多强的牛市中都有人在卖出，无论在多弱的熊市中都有人在买入。想要通过应对变化进而获得盈利，单靠自己随之应变的能力是不可能的，因为解决变化最有效的办法是不变，而且最好是通过长此以往的不变才能笑看市场的起起落落。所谓的不变，指的是一种核心理念，一套完整的应对方案，让你在行情出现各种变化的时候都不会束手无策。这也将是本书要阐述的内容。

3. 历史会重演，但不会简单重复

历史会重演这句话让笔者曾经损失惨重，但是在领悟了后面的半句之后，顿时觉得在市场中又精进了几步。我们都听说过"失败是成功之母"这句话，这是给大家加油打气的最有力量的一句，目的是让处于低谷期的人不要自怨自艾，能够重整旗鼓。但是你知道爱迪生自己是怎么解读这句话的吗？他说，我不认为我是失败了99次，而是成功地证明了那99种材料不适合做灯丝而已。这句话的真实含义是：成功是成功之父。如果你对市场的理解还没有达到一定的高度，就不要片面地相信某一句高度总结的话语。

如果你只记得历史会重演，忽略了时间、地点、人物……那它就是一句空话。美股的价值投资在20世纪六七十年代就开始兴盛了，直到2016

年，贵州茅台登上 A 股的价值投资王座后，才真正让苦熬了十几年的价值投资者有翻身的感觉。如果不给历史会重演加上时间限制的话，它对实战的意义就小到可以忽略了。即使解决了时间的问题，还要深度分析类比的有效性，什么样的情况下、哪些历史会重演？世界上没有两片相同的树叶，但是辨别树叶属于哪种树木，会经过什么样的生长周期，以及生长的地理环境并不难。

历史会重演，重演的不是历史，重演的是被人类洞察到的事物发展的规律。所以寻找历史重演的踪迹不是聚焦在图形的相似度上，而是人类做出的一致性行为上。每轮大盘的交易性行情中，有个典型的特征就是一定会有一个市场总龙头的个股和一个给市场扛大旗的板块，只是每轮行情都不会是同一只个股、同一个板块而已。

别把自己的经验主义当作历史重演的资本

老人们过来的经验都是非常宝贵的，但是我们不能局限在经验上，因为历史是发展的，曾经的观念和经验可以借鉴和参考，但是不能照搬照抄。交易上，大家特别喜欢用经验主义，表现出来的就是特别依赖自己曾经赚过钱的交易方式，比如因为哪种形态进行选股后大涨了，比如哪类消息公布后哪类股大涨了，这些经验当然可以关注，但是要从股价涨跌的本质上来看问题，毕竟靠运气赚来的钱基本上都会凭实力亏回去。

第二节 大小层次的解剖

理解趋势的三种形态一点都不难，但是别说是用它来指导实战了，就是单纯地分析历史的走势就够有难度的了。不得不佩服前人在没有现在这么方便的计算机作为辅助工具的情况下的勤劳和智慧，竟然在 100 多年前就想明白了需要把趋势按照级别进行解剖。对于级别的分析，我们整套体系是在道氏理论的三重运动的基础上进行更详细的定量分析，三重运动是指：通过趋势运行的时间和空间的不同，把它们的级别按照大小分为基本运动、次级运动和日常波动三个等级。

鉴别三重运动，并且能够有效地处理好三者的关系，是进行趋势交易的大前提，没有对三种运动的理解，你就会陷在不同级别趋势转化的矛盾和混沌中，所谓的顺势而投就变成了一句空话。本书逐层展开的顺势而投交易模式就是建立在对于基本运动、次级运动、日常波动之间的相互促进、相互转化和相互制约上的。

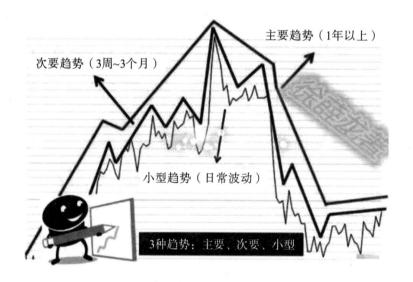

上图是针对三重运动的一个说明，其实不难发现，我们关注的趋势级别越大的时候，趋势的形态就越简单，但是如果我们的焦点放在了级别最小的日常波动上，就会觉得市场是如此的没有规律、变化莫测。所以顺势而投要求我们关注的一定是矛盾最小的大级别运动，优选基本运动。三重运动是一个轮廓，对趋势级别的划分是可以无穷尽的，大道一万年，小到1毫秒，一个次级运动里面也可以划分出基本运动、次级运动和日常波动。

1. 基本运动

基本运动，在股市中通常指大的牛市和熊市的循环，这种规律总是客观存在于市场之中并且极其富有规律性。不论投资者看或不看、知道或不知道，基本运动永远在市场中永不停息地运行着。基本运动是市场中势不可挡的力量，它也会稳定地运行相当长的时间和相当大的幅度，能够抓住一次大牛市的人一生衣食无忧。通观古今中外的金融史，投资大师们的成功均源于他们充分把握住了一轮甚至数轮牛市和熊市交替的基本运动。

基本运动，有时也被称之为主要运动或长期趋势，它是股票市场中最具有价值、最为重要的价格运动形式，其方向决定了市场到底是牛市还是熊市。基本运动在市场中就好像大海的潮汐一般深藏不露，持续时间通常在一年以上，有时甚至能持续几年乃至十几年。基本运动与市场本身的基本面息息相关，它反映的是这个市场最宏观的走势。

（1）大盘的基本运动

任何一个金融市场，都应该关注到它的大盘的基本运动的方向，这是决定这个市场是否有大机会的根本因素。无论是 A 股，还是美股、港股、期货市场、国际原油等，只有在爆发性的基本运动中才能够有大的获利机会。

A 股从 1990 年证券交易所成立开始到当下是非常大级别的上升趋势，它持续的时间已经有 30 年，趋势依然沿着上升的方向行进着，从世界各国证券市场的发展规律来看，这种趋势的持续性是最强的，因为它代表的是整个人类，或者是这个国家的发展状态。

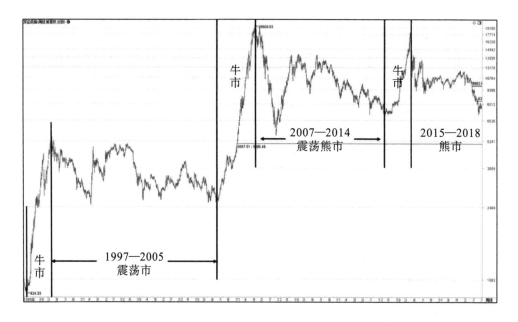

在 30 年前，如果你有站在 30 年后的角度看当下的眼光，投资平安银行，那收益可比 10 年前在深圳买房还多，问题在于当初的老八股大部分退市了，即使你选择了平安银行也很难坚定地持仓 30 年。从上图中可以看到，在这 30 年的走势中，有过几次非常明确的快速上涨的牛市行情，这样的走势是最具有交易性的。虽然在未来，A 股可能会改变牛短熊长的运行规律，但是只要基本运动的规律不变，顺势而为的模式就同样适用。

（2）个股对大盘基本运动的影响

像大盘这样的上升趋势是不会被谁，或被什么资金所操纵的，这是在时间的维度上必然会发生、发展的规律，或者说是天道，是最大的规律。所以，在 A 股曾经的所谓熊市都是相对而言的，如果是从人类历史发展的规律来看，从 30 年来的发展来看，那些都是短暂的。前提是你不能参与到那些存在刻意欺骗和隐瞒的公司，他们的过分投机行为导致了它们可能在短期的走势上有非常吸引人的爆发力，但是在漫长的时间长河里却也是一朵不起眼的浪花，比如暴风影音。

暴风影音于 2015 年 3 月 24 日上市，上市首日开盘价 3.54 元，当时刚好赶上 2015 年的 A 股牛市环境，之后便开启了连续一字板的上涨行情，最后在 123.83 元的位置见顶。接近 40 倍的涨幅，让暴风影音成为当年的佼佼者，尤其是中签新股的股民，简直把它奉为 A 股的战斗机，什么贵州茅台、长春高新都是浮云。

股市是在 2015 年 5 月 21 日见顶的，明显先于大盘指数，这是聪明的活跃资金最光明的操作方法，他们都是在市场见顶前完成撤离的。之后在不断调整的 A 股市场环境中，暴风影音一路下跌，后来伴随上市公司基本面的一再暴雷，曾经最牛的牛股跌得也是最惨的。2020 年 11 月 9 日，暴风影音退市整理期的最后一天，股价 0.28 元，曾经的股王变成了一地鸡毛，留下的只有伤痕累累的 6 万多依然持仓的散户。

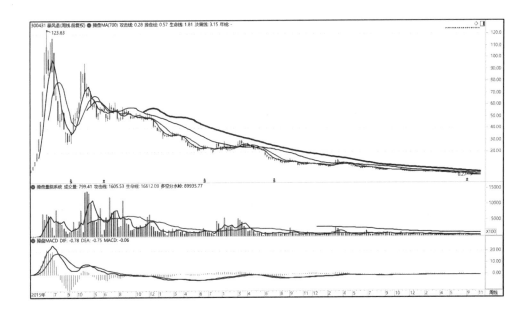

在 A 股市场过往的 31 年里，暴风影音只是一个缩影，还有很多匆匆过客，虽然它们曾经在 A 股市场中叱咤风云，但是在漫长的岁月里它们只是 A 股市场成长过程中的一个波澜。就像你已经不知道曾经的银广夏、乐视网，在不久的未来，在 A 股市场突破 5178、6124 之后，大家也会忘记今天的暴

风影音。如果你关注的是 A 股的大趋势，它们的暴涨暴跌就是一个小小的涟漪。

股市的基本运动是资金的一致性预期的结果

许多人在研究市场指数基本运动时总是觉得它在有些时候似乎是与经济规律背道而驰，因而认为它晴雨表的功能不准确，然而事实上这所谓的不准确正是市场正在发挥强大的预测功能的时候。历史数据和经验表明，国内股市基本运动的"不准确"走势大都提前于经济运行 8 到 13 个月的时间发生，美国股市的"不准确"平均领先其经济运行状况 11 个月左右，这一现象在全球范围内普遍存在。这是因为市场中大部分的资金掌握在"有先见之明"这类人的手上，他们的高瞻远瞩通常能够提前预测到经济方向的转变。

2. **次级运动**

次级运动在牛市中总是交替地发生着上涨行情和反向调整，在熊市中则总是交替地发生着下跌行情和反向调整。从结构上来讲，次级运动运行的时间一定短于基本运动的一半，其运行幅度也总是小于基本运动。次级运动的结构和幅度在市场总是有着相当的存在感，然而这些看似规律的表现所对应的行情其实并没有基本运动那么强的规律性。相反的，次级运动对于投资者来说还有着实质上不可忽视的误导性，有时还会引发整个市场的贪婪或者恐慌情绪。

次级运动在市场中就好像大海的浪潮一般跌宕起伏，是构成基本运动的运动。次级运动看似具有一定的规律性，也的确可以通过技术手段对其中相当的一部分加以准确的分析、识别和追踪，但也正因为如此次级运动同时兼具规律和不规律的特性总是很容易误导市场中的参与者。

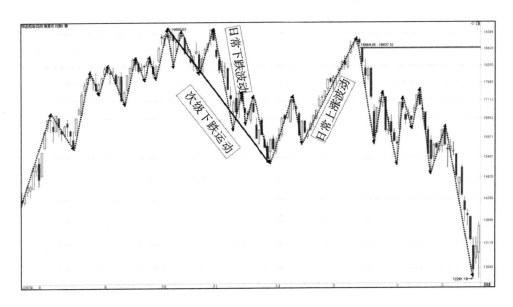

　　次级运动是市场中第二重要且最为诱人的运动形式，持续时间常在3周到1年的范围内，同时并不存在严格意义上安定的运动形式。在相对安定的时候，次级运动通常表现为与基本运动同向的驱动浪模式、容易识别的暂时性回撤调整整理形态模式或通道性运动模式中的某一类。在相对不安定的时候，特别是在某些重大突发事件的影响下，次级运动往往有可能会走出一段识别难度较大、难以预料或走势突兀纠结的快速运动。

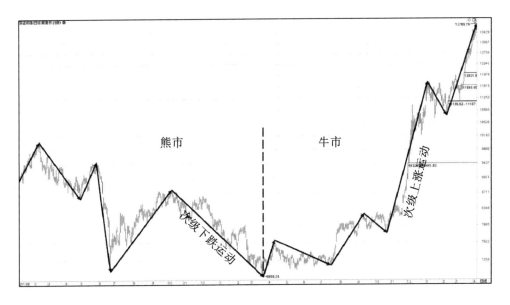

多重运动的划分是相对的，在 A 股市场，每 8 年左右的大的牛熊轮回中也可以视为基本运动，而在这个大的运动过程中一定是由系列的同向的和反向的次级运动构成。前文讲述的暴风影音的案例，后面的持续下跌在时间上可以视为是基本运动，那么前面的暴涨完全可以视为一次次级运动，所有的次级运动终将被基本运动所淹没。在暴风影音没有下跌之前，其实并不难预测出它未来会下跌，因为它的基本面会告诉我们，只是我们没有办法预测到最高点在哪里、哪一天会从涨变成跌、会以什么样的形态下跌，因为预测基本运动的方向并不难，但预测次级运动的难度会大很多。

3. 日常波动

日常波动看似存在着某些清晰的结构，但大多时候并不存在可靠的规律。日常波动往往因为市场中不断出现的各种消息、刺激和积累的情绪等而频繁地发生极其富有随机性的变化。可能是刚刚入市的大户，可能是有资金优势的主力刻意诱多和诱空。

日常波动在市场中就好像海面上的涟漪一样永不停息、数量繁多又彼此混杂。我们可以认为日常波动是市场中众多信息、噪音和情绪的直接反应，也可以视为诸多市场参与者彼此博弈的实况直播，还可以也有必要把它看作是次级运动的重要组成部分。

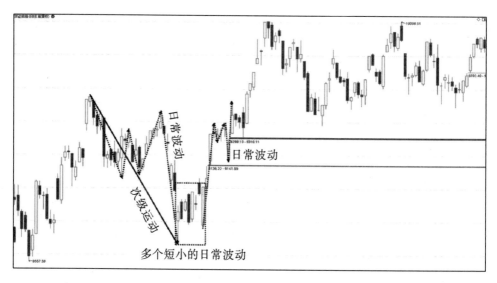

日常波动本质上具有很强的随机性，日常波动的行情看似利润诱人，但实际上却多是镜中花水中月，非技艺精湛的操盘手难以获得其中的利润。对于投机客来说，赚取的就是价差，而日常波动中充满了非常多的价差机会，所以就有非常多的诱惑。但是对于普通交易者来说，日常波动总是喜欢在人们朝它伸出手的时候恰巧消失，又在人们不经意间突然出现，其本质上的随机性总是让它的盲从者感觉难以捉摸。

或者说，日常波动的可预见性非常低，它通常反映的是市场最短暂的人气状态，在这样的变化中找机会，就像你在玩打地鼠游戏，只要你稍有走神，就会漏掉一只地鼠，而在市场中走神的代价就是直接的亏损和漫长的套牢。

如果从股市 30 年发展的角度看，可以将暴风影音大起大落的走势视为日常波动，在上市交易的四年半的时间里，虽然它的走势对参与其中的交易者来说有着至关重要的影响，但对于 A 股的涨跌来说微不足道。就像我们每一个人，在整个人类的发展史上，都是渺小的个体，都只是这个发展过程中参与的一员。

从人性看多重运动

上文讲过历史重演的就是人性的贪婪和恐惧，因为人才是市场的参与主体，那么人的行为也是构成三重运动的根本原因了。每次牛市的开始都是在参与者对市场极度恐慌或者远离市场的时候，而牛市的见顶都是参与者处于极度兴奋和贪婪的时候。在一个牛熊的轮回中，极具影响力的事件的发生就会造成次级运动的波澜，每天频发的消息时刻扰动着参与者看待股价涨跌的神经。

4.　波浪理论

三重运动中的"三"并非是定数，这种语言的修辞与中国道家文化中的

"三生万物"有着异曲同工之妙，其意为"多重运动"。股票市场的价格运动其实是多重周期运动的叠加态。在此基础上再进一步去理解三重运动原理时不难发现：较小级别的波动总是包含在较大级别的运动之中。

基于波浪理论的浪级划分可以看作是对于趋势理论三重运动原理的详细阐述。江氏操盘的周期套技术则结合了具体的交易实践经验对于行情级别给予了更加定性定量的划分。

趋势理论三重运动	波浪理论浪级	江氏操盘周期行情	运行时间
基本运动	超级循环浪	季线级别行情	十余年
	大循环浪	月线级别行情	数年以上
	循环浪	周线级别行情	1 年以上
次级运动	大浪	日线级别行情	约 4 到 8 个月
	中浪	60 分钟级别行情	约 6 到 13 周
	小浪	30 分钟级别行情	约 2 到 6 周
日常波动	细浪	15 分钟级别行情	约 2 到 13 天
	微浪	5 分钟级别行情	约 2 到 13 小时
	亚微浪	1 分钟级别行情	约 45 分钟

如果你对上表还处于一头雾水的状态，请不要着急，等你深度阅读完本书之后就会理解三种运动之间的演化关系了。在实战中，任何两只个股的走势都不会相同，就会直接导致它们不同运动对应的周期截然不同，这也是定位趋势级别的难点所在。

第三节　牛熊阶段的划分

趋势对于市场的分析总是从界定基本运动的方向开始的。一旦我们可以区分出牛市和熊市的转折点，我们也就能观察到基本运动、次级运动甚至日常波动的开始、发展和终结了。

1. 划分趋势轮回的阶段

我们将一次趋势的轮回分为三个时期、五个阶段，简称为"三期五段"。这种划分不是机械的、随意的，而是建立在大众参与者的预期和人气随着趋势的不同状态的变化而产生的。对趋势阶段的识别中，牛市的每一期是按照波峰计数的，熊市的每一期是按照波谷取数的。在这种计数方式下，牛市第一期一定会与熊市第三期在牛市第一段发生重叠，熊市第一期一定会与牛市第三期在熊市第一段发生重叠。

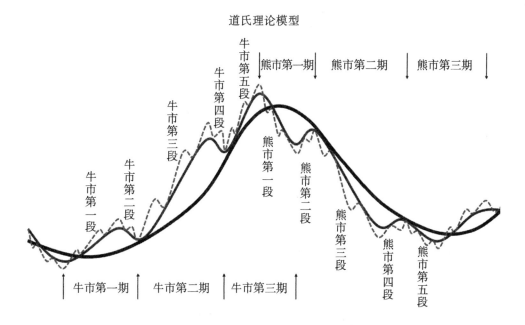

道氏理论模型

趋势的轮回一直在持续中，只要市场在就不会结束。下面来逐一给大家介绍每个阶段的划分和每个阶段的特点。

2. 牛市第一期

万物的发生、发展和衰亡是最大的循环，就像人的一生从出生到死亡一样。生的这一刻至关重要，因为它同时蕴含着一个死亡的结束，它是一个因的果，同时也是一个果的因。牛市之所以重要，是因为对于一个交易者来说，只有在这里才可能缔造我们所有的辉煌和荣耀，牛市的开始也是我们全新征程的开始。

每个人都有一双眼睛，但不是每个人都具有洞察万物的眼光和眼界。牛市的第一期也就是熊市的最后一期，此时市场充满的更多的是只关注眼前的人面对亏损的抱怨与绝望，殊不知此时已经开始显现黎明的曙光。

最有见识、最有经验的参与者已经在前期的下跌末期开始缓慢吸筹了，当市场开始反弹时他们已经开始实现盈利。悲观者依然把这次的上涨视为反弹，选择了逢高离场，可是看懂了牛市的"聪明人"选择坚定持仓。

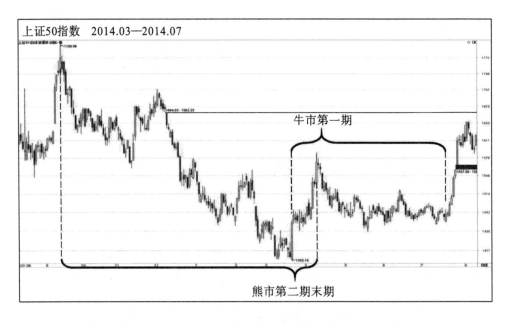

尽管此时慢速上涨的股票市场行情有着阳多阴少、红肥绿瘦等令人乐观的特征，但也总是间歇性的表现不好。还没有真正准备好的市场在这段时间

里总是有些令人心浮气躁，不仅热点概念板块和题材行业板块轮动得非常快，而且还很难找到规律，其形式也各自有着不同的变化，总是让人感觉摸不到头脑，实际上也赚不到什么钱。

牛市底部位置的行情不是太强，因为此时市场中多空双方的力量并没有完成转化和调和，市场中的股票筹码也还在持续地向投资者和投机者手中聚集。在这样的弱势行情中，除非大盘是采用破底反涨这一类非常规型底部涨起来的，否则在这个阶段，交易者们恐怕必须要面对买入股票就会暂时陷入一定程度套牢的情况。

请注意"暂时"这个词——如果交易者在这一阶段四下打量张望，发现别的股票又涨了一截，那么他们总会忍不住要在微亏或者刚好回本的位置将其抛售掉以减少痛苦，因为只有这样，交易者们才能放手去追逐又刚刚出现在眼前的上涨股票。不过这种交易行为的结果总是会与交易者们最初所想要的不一样——他们又陷入了更加痛苦的新一轮亏损套牢之中，而原来暂时套牢他们的股票可能又已经上涨了一波。

这样的市场表象总是会持续很长的一段时间，甚至有时候这种整理行情会达到基本运动的级别。因为在这个阶段，基本面往往刚开始好转，从经济数据到整体环境大都并不是特别理想，有时候甚至还表现得颇为严峻。外部经济环境总是需要一些时间才能完全进入到令人满意的复苏期。

在政府能够强有力地加速经济复苏的环境中，知道牛熊市循环必然发生的投资者会追随着经济货币政策的逐渐宽松和产业行业政策的不断释放利好而选择逐步入市。此时被交易者低价卖出的优质股票总是那么的诱人，它们持续地吸引投资者和投机者介入，于是之前还很是低迷的交易量就这样慢慢地活跃了起来。

3.　牛市第二期

牛市的第二期是人们都喜欢的飙升阶段。此时看好未来经济发展的聪明投资者早已建仓完毕，市场对于未来经济环境会逐步回暖的预期也已经不再只是经济学家们和投资者们的言辞。投机者们早已在牛市第一期和牛市第二期的初期成功地建立并拥有了可观的底仓，他们挥舞着钞票追逐着上涨次级运动，因为买得越多赚得越多的时代已经到来——这些持续涌入市场的多方资金构成了市场中重要的向上牵引力。在两股向上牵引力的作用下，股票价格开始表现为价升量增，人们怎么看都觉得这时候买入股票能够赚钱。

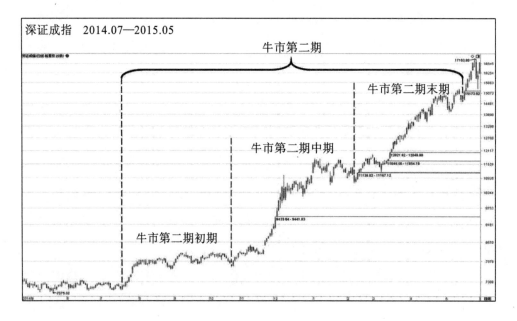

随着牛市主升浪的展开，在市场中反复套牢、解套、再套的交易者们这才发现自己之前斩仓割肉的行为简直愚不可及。在凭感觉确认了市场前景乐观之后，急不可耐的交易者们终于开始慌不择路地追入市场。然而在这个阶段，很多犹豫的交易者总是很容易就会追涨在个股日常波动行情和次级运动行情的波峰区域，然后继续重复套牢、解套、再套的循环。结果就是，牛市也没有能够改变交易者们的命运，他们持续失败的结果是因为其交易行为总是与市场的结构相反，如果不改变这种行为，亏损必将继续。

短期的洗盘和调整只是漫长牛市中的涟漪和波涛，市场整体上涨的趋势方向并不会因为个人的悲欢离合而有所改变。随着市场整体温度的上升，"牛市！"已经通过媒体宣传进入大众的耳朵中。很快市场将会到达真正的狂热期，那时即使市场进入了短期调整行情，众多声音也只会一个劲地大喊："现在是买入的绝佳时机！"

4. 牛市第三期

这个时期的行情在一开始会证明那些媒体和股评家们所说的内容一点都没错，因为市场确实继续涨了。不仅如此，这个时候绝大多数人的股票账户看起来都赚钱了，堵在证券公司门口或者开户软件端口的开户长龙可能变得比以往任何时候都长，市场的氛围已经陷入了非同寻常的狂热之中。

公众对于投资的讨论也早已不是谁在炒股这样干瘪的话题，刚刚加入市场的遛狗大爷和卖菜大妈们绝对能把每一次有关股票市场的聊天变成精彩的街头八卦。随着市场的温度和情绪逐步达到历史级的高水位，擅长研究财务的交易者惊讶地发现上市公司的营收业绩早已随着经济的复苏而变得光彩照人，似乎无限的繁荣和巨量的财富就要被繁荣的社会创造出来，此时股票指数本身的又创新高可能只剩下更进一步带领散户冲锋陷阵的作用……这些"狂热"也正是这一时期的重要标志。

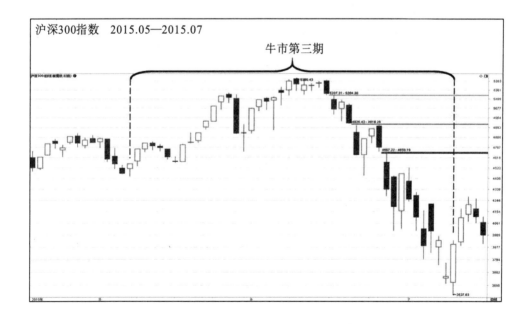

福兮祸之所倚，物极必反等朴素道理对世界上的任何事都很适用，牛熊转折总是会在市场最为狂热的时候突然到来。不要在这里抱怨市场太坏，聪明的交易者总是会在自己身上发现真正的原因所在。市场先生总是公正客观地存在着，他从来都没有真的涨到天上去过，也从来没有告诉过别人他将如何做。

随着几乎每一个之前还待在市场之外的交易者都非常乐观地买入了股票，市场的成交量开始急剧地放大，历史级的天量大都会在这个时期被造就。不过交易者们总是对此一无所知，看起来他们并不知道市场总是在牛熊之间轮回的道理。

市场情绪早已选择性地遗忘了聪明的投资者和富有远见的投机者们早在股票还便宜的时候就已经批发采购了大量的筹码，当他们发现市场已经陷入了虚假的繁荣之中，这些"聪明筹码"们就会趁着交易者们狂热的时机快速派发自己手里的股票——它们的综合体量太大，必须要趁着还能卖出的时候兑现。

上帝欲使其灭亡，必先令其疯狂。在市场进入狂热阶段时，在遛狗大爷、卖菜大妈、快递小哥、保安门卫等平时对于股票市场完全不感兴趣的人都开始闭着眼炒股时，最后的多方力量已经上场。牛市的终章在这一刻终于缓缓奏响。此时往往还剩下少部分垃圾股还在跟随着市场指数向上虚涨，但动能衰竭等技术问题早已显现。等到大阴线、分歧结构、空方窗口等关键空方技术结构陆陆续续地出现，以投资者和投机者为代表的"聪明资金"早已清算完了绝大部分股票，熊市已经伤害不到他们了。

5. 熊市第一期

我们可以把牛市第三期看作是牛市第二期的延伸，也可以认定它是大级别的上涨第五浪和下跌大 A 浪的组合。总之，熊市第一期的前兆总是众多的市场交易者失去理智一般的坚定看多，不论是投资者善意的建议还是投机者谨慎的提醒都阻止不了交易者持续看多做多的热情，一些交易者甚至会去制造各种持续看多的理由来反驳与其观点不同的声音。

人性中有一个重要的弱点：一旦实事求是的原则会产生不是那么令人愉

快的感受，健忘症就难免会悄悄地突然发作，然后人们就会下意识地去相信那些令他们感到欢喜的信息。比如说某些来源不明、不合逻辑的利好，以及某些与他们持仓方向相同的股评。

那些在牛市尾声甚至熊市初期依然无原则看多的有失偏颇的言论往往是为数众多的交易者所喜欢看到的。不用怀疑，这一切外部主流观点错误的源头就是因为那些信息所指示的方向"看起来"对于交易者们最为有利，能够勾起人们的兴趣。哪怕是出于满足大部分消费者的心理需求的商业逻辑，一些新闻媒体和一部分想要赚取佣金的证券公司客户经理也一定会想方设法地把那些看多的声音放大，因为唯有这样才能吸引住交易者的眼球。

当最后的多方力量终于消耗殆尽时，市场就好像在天空中失去了动力的火箭一样，唯一能够前进的方向唯有下跌。此时的市场已然是熊市第一期的开端，但很多交易者还是不愿意相信这一点。毕竟外部的主流声音都还在说这是调整，他们反复着重地强调未来股票市场还会继续上涨，交易者们基于经验的判断也愿意去相信这些主流的声音，毕竟周围的大多数人都在这么做。

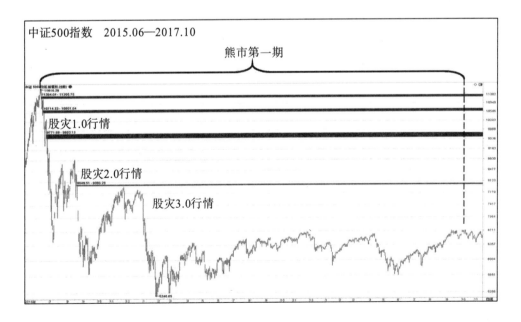

世界有春夏秋冬，股市有牛熊轮回，这是自然的法则。但很多交易者即便是看到了指数向下突破临界点、看到了个股进入下跌趋势中，也不愿意相信这一点，更不会根据这个分析结论止损出局。然而熊市本身客观存在，它的运行也不会以个人的意志为转移。

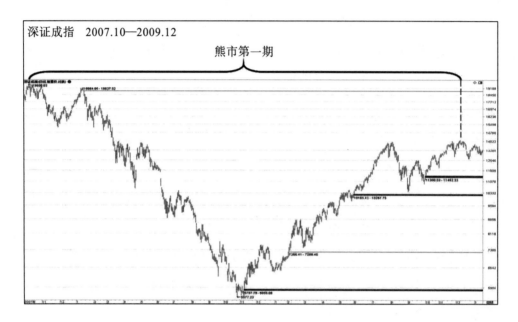

持有股票的交易者会疯狂地为自己的多头持仓寻找理由和借口，比如说商业依然欣欣向荣、市场的回撤还不到38.2%，等等，又或者单纯地相信媒体和分析师告诉他们的"要长期持股"，再或者身边的朋友们对于市场的共识在看多方面基本一致，等等——因此还没有满仓的交易者会想要加仓补仓。之前凭运气赚到钱的散户就是这样被套在一个轮回中最高的山峰上的。

哪怕后面再出现反弹，市场也拯救不了他们的头寸。长期的套牢从在山巅之上依然坚持盲目做多的那一刻开始就已经注定，也许下一轮牛熊轮回会给他些许机会追回成本。

6. 熊市第二期

实际上，发展中国家的股市，熊市第二期总是容易变得相对长一些，熊市第三期则并不存在。交易者，或者说公众的情绪会在这个过程中遭遇两次重大转变——从美梦惊醒到悲观绝望。而且这两次重大转变比较容易分别发生在熊市第二期和熊市第三期，中间会夹着一次重要又短暂的次级反弹。

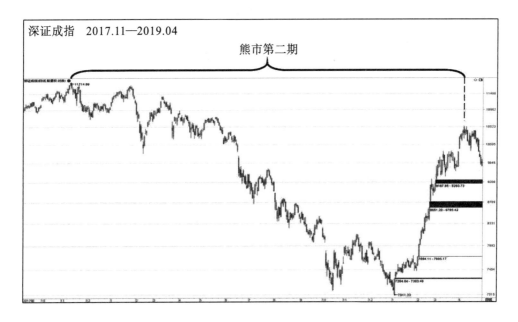

投资者总是时刻记得市场指数是经济的晴雨表。

最初在指数悄声无息地进入熊市的时候，市场先生已经做出了"经济距离衰退已经不远"的预言。这个预言一般会在熊市第二期前半部分兑现，但也有在熊市第一期就兑现的，比如说突发了重大的天灾人祸，此时市场的骤然暴跌很有可能会令许多人原地破产。关于这一点，距离笔者写下这一章节时最近的案例就是 2020 年初新冠疫情对于西方发达国家证券市场的第一轮打击。

一般情况下，基本面开始出现问题会是熊市第二期前半部分的重要标志。等到公众从"对明天的美好期盼"的美梦中惊醒却只能眼睁睁地看着经济进入萎靡期而无能为力时，仅存在于幻象之中的贪婪就会被现实打击出的恐惧所取代。毫不意外的，对于市场的真相后知后觉的交易者会陆陆续续地选择斩仓割肉，但是此时市场中确实缺乏多方力量，即使市场偶尔释放出一些成交量，价格也还是难免会跌得有点快，不过这种快速下跌也会越跌越慢，直到市场进入下一个阶段。

7. 熊牛转折

熊市第二期后半段总是伴随着重要的国家战略、发展计划出台等，这是政策上希望市场出现底部的征兆。比如曾经美国罗斯福总统的 3R 新政，又比如中国的五年发展规划纲要等。政府强势拯救经济的标志性举措对于经济的复苏至关重要。

江氏操盘对于市场的这种现象加以总结并将其称为"政策底"，它的出现总是早于市场真正的最后底部，但也有可能会在某些类型的底部结构中偶然地恰好成为最低点。要注意，这些重大利好需要和许多较小的利好组合在一起并累积到相当的程度才能真正地扭转乾坤，市场的发展和变化需要一个过程，从熊市到牛市的转折并不是突然一下子就能好得起来的。

这个过程正好给了投资者和投机者发掘未来机会的时间。与此同时，交易者却还依然沉溺在对于未来市场的一片悲观和绝望之中。若无意外，交易者们将遗憾地踏空随后而来的新一轮的牛市第一期第一段上涨行情。

在新的牛市第一期来临之前，市场重要指数虽在走低但是基本面经济结构却在不断优化，市场中的买盘会渐渐地出现。这是智慧的投资者和精明的投机者在偷偷行动的表现。一般来说，整个转折的阶段再短也至少会有一个次级运动的时间，有心人一定能够捕捉到这一段与之前风格不同的市场。

此时交易者们还因为过度关注熊市末期那漫长又低迷的日常波动而陷入绝望，偶尔的反弹和反抽型日常波动行情能让依然坚持的交易者们略为振奋一下，但参与这种陷阱行情的最终结果只有套牢。同一时间，即使是那些价值投资者所青睐的股票也终于在熊市面前屈服了，一些幸存的杠杆投资也开始陆续地爆仓，市场中的那些便宜到令人心痛又心动的股票毫无疑问已经处于估值的底部。

江氏操盘对于市场的这种现象加以总结并将其称为"估值底"，它的出现通常会早于市场真正的最后底部，但也有可能会在某些类型的底部结构中成为最低点。

投资者已经开始默默地收集筹码了，这个过程一般比较漫长，3天的时间肯定搞不定，一个日常波动的时间都嫌短。于是，在经济仍处于美林时钟的衰退期时，在市场还在清算幸存者时，萎靡的市场却开始温和的出现放大的成交量了。

8. 新的牛市第一期

当大部分曾经坚定地扛住下跌的散户"被迫"卖光手里的股票，或者干脆连股市交易软件都卸载了的时候，新的牛市就又一次缓慢而低调地到来了。此时交易者们难免又一次对市场充满怀疑，他们已经承受了太多常人难以忍受的伤害了。然而市场的运行从不以个人的情绪为转移。

在熊市的尾声，交易者们绝望的抛盘其实并不强劲，也没有太多的卖盘。投资者们逐步的建仓会快速地消磨所剩不多的空方力量，一旦投机者也意识到重大的机会即将来临，市场中的多方力量就会取得压倒性的胜利。

江氏操盘对于市场的这种现象加以总结并将其称为"市场底"，它的出现一定就是市场真正的最后的底部，其价值在于基本锚定随后股票市场将会出现真正意义上的牛市。另外，市场底并不总是底部结构中的最低点，趋势理论对于市场的最低点并没有追求。要明白，那只是一个可以用来帮助判断未来市场方向的重要波谷而已，市场中的绝大多数利润并非从中产生。

第四节　顺势交易的意义

基本运动的牛熊循环看似是晴雨表对于经济周期的预言，但归根结底都是人性的客观反映。特别是在某个群体之中的人，情绪总是能让他瞬间丧失自己曾经的观点，然后迷失在无尽又嘈杂的日常波动之中。"聪明资金"能够成为赢家是因为他们懂得市场背后的原理和逻辑，能够凭借其知识和经验识别基本运动的方向，从而避免受到大众情绪的影响。基于基本运动的宏大

力量源于经济基本面的变化这一原理，我们还可以明确"基本运动不能被人为操纵的"。

1. 市场只能被有限操纵

历史事实已经证明，任何试图人为控制和操纵市场基本运动的行为都是违背市场规律的，最终难免为之付出惨重的代价。另外，人为操纵市场本身也是一个模糊不清的概念，即使某些机构具有某种优势，其力量也总是小于市场，只可能作为市场的一部分在一定程度上影响到市场的次级运动。

如何看待贵州茅台的上涨？作为 A 股市场第一股，贵州茅台从 2016 年开始演绎了 A 股史诗一样的故事。如果把 2017 年作为 A 股价值投资元年，那么贵州茅台就是 A 股价值投资的鼻祖了。贵州茅台的持股者大部分都是机构，因为有持续现金流的支持。

所谓技术，就是对于规律的理解和运动。三重运动是市场运行结构的重要规律，但这种叠加的规律在实际的指数运动中有着相当广阔的变化空间。特别是在随机性最强的日常波动的影响下，某一段次级运动很有可能会表现得相当突兀，进而影响到基本运动的表现，让市场整体呈现出明显的变异性。但是这种变异性又不总是出现——"市场会不时地在比较容易识别规律与不太容易识别规律之间来回变动"也是一种重要的规律。波浪理论中的"二浪复杂、四浪简单"就是这种规律的一般演绎。

具体说来，变异性规律在牛熊循环规律中总是难免会时不时地有所表现，而这也是次级运动有时总令人捉摸不定的根源之一。正因为市场在层次上和规律上的复杂性，历史在重演的时候从不会简单地重复。因此，在总结出了市场的某一种规律时，一定还要注意去检验它的发展变化情况，以免在规律发生变化时遭遇了意外却还不知道自己究竟错在哪里。

2. 趋势具有延续性和相互鉴证性

在三重运动之中，基本运动是最为重要的。牛熊的循环也是市场的重要规律，它是必然存在的现象，为投资者指明了市场整体前进的方向。但是如果只有针对基本运动的技术分析，最终恐怕也难以完成出色的交易。在实操时，分析行情一定要同时把握好基本运动的整体方向、次级运动的波段结构和日常波动的相对位置，将三重运动分解后再组合起来，将长线、中线和短线的策略进行垂直的同步分析，如此的技术分析才是相对完整的。

在三重运动基础上，基于趋势理论模型对于重要指数进行自我鉴别和相互验证就具有了对于未来进行预测的可能，其预测的结果往往也大都准确，投资者据此行动总是能够在市场中有着不小的斩获。但要注意，未来是多变且难以捉摸的，突然变化的国际局势、政府政策导向、灾难、战争等等都有可能令市场发生天翻地覆的改变。因此即便是经过了缜密的分析，最终得出的结论也必然不会是万无一失的。技术分析可以看作是识别趋势仍会继续还是正在反转的艺术，因此它的分析结果也很难在一开始就成为绝对正确的真理。

更进一步的鉴别则是在分析的基础上在交易系统模型中进行定位。实际应对市场行情时一定要根据实时发生的变化对分析和判断加以修正，如此一来，就算遭遇了重大突发事件，一般也总是能够全身而退。

再次强调，基于趋势理论，市场的基本运动是可以通过鉴别和验证进行预测的，次级运动具有欺骗性但依然也是可以识别的，唯有随机性极强的日常波动是测不准的。

3. 基本面和技术分析的相辅相成

根据趋势理论的基本思想，基本运动、次级运动和日常波动都是源于指数的概念。尤其是指数的基本运动所描述的是市场整体的变化方向，它的问题就是市场的主要问题。早在道琼斯指数出现之前，股票市场中各个股票的价格波动在整体上就具有相当的关联性，因此明确基本运动的方向对于投资和投机都具有重大的帮助作用。此后再去研究次级运动才具有较高的可行性，而更小级别的日常波动的价值则更在次级运动之后。

在面对实际的投资交易问题时，基于趋势理论的技术分析和趋势鉴别非常重要。先运用时间尺度大致定性行情的级别和方向，再通过空间尺度把握行情的位置和空间，一般就能够让市场的参与者不再发生与市场的重要趋势方向相反的交易，从而避免幅度较大的亏损。一般情况下，投资者做到这样的程度就能够比较准确地抓住牛市趋势机会了。

投机者还需要在此基础上更进一步地去抓住市场中重要的上涨次级运动，同时尽量回避市场中的回调次级运动。这里并不是说投资者所要做的工作要比投机者少，而是说机会型投资者应当把一部分对于市场基本面研究的精力转移到对于技术分析的把握上。至少在理论和幅度计算上，投机者可以因此获得相较于投资者更好的收益。在实践中，如此交易的投机者也往往可以比投资者更加精准地买在牛市起涨处，卖在熊市起跌前。

思考，是最好的沉淀方式！

1. 趋势的力量来自哪里？你相信趋势吗？

2. 如何理解趋势的基本运动、次级运动和日常运动？

3. 趋势是如何划分和运行的？我们能把握住每个趋势的转化吗？

4. 逆势交易会有更大的利润空间，那为什么要顺势交易？

第二章

划分趋势

从这一章开始，我们将逐步地把股市的根本规律从枯燥抽象的理论知识转化成能够落地的交易技术。人们研究价格运动所犯的绝大部分错误都是脱离了科学合理的趋势理论，另一小部分错误则是过于机械地看待整个世界。在理解了三重运动背后的动因之后，我们有必要深入理解它的规律，如此一来才能更好地把握和应对行情的变化。

明智的投资者对于趋势理论一定是活学活用的。投资的毁灭之路往往是对图表、系统和理论的教条化。要明白，投资者只需要准确地把握市场中三重运动的方向就能够稳健地盈利。而市场的具体走势我们不可能精确预判，世界上也不存在任何一种诡异的理论可以精准预见股票市场的未来。

第一节　趋势的基本结构

对趋势的深度分析就是建立在结构的基础上的，走势在不同级别上的趋势性叠加会组合成各种结构，也可以称之为形态。这是在对历史走势分析最为基础且最为有效的工作。所有的历史走势都是未来的因，每个因都有一个必然的果，只是很多时候我们没有办法充分解读已经走出来的因，所以才导致结果的无效性。因此，对历史的分析是成功交易的第一步，也是选股最为重要的环节。

1. 结构的组成

为了更好地理解三重运动，不妨尝试从另一个视角着眼：从任意级别行情去观察，每一个运动之后必然会发生一个反向运动。每两次或两次以上的运动和比之少一次的同级反向运动可以组成一个更大级别的运动；每一个运动又可以细分为两次或两次以上的同向小级别运动和比之少一次的小级别反向运动。

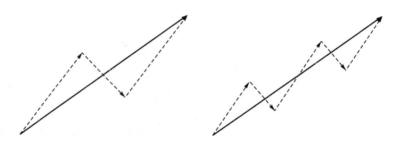

具体说来，市场中的基本运动通常包含着一次幅度至少达到其37.5%～38.2%的反向次级运动。这种结构规律在次级运动和日常波动中大都也是适用的，比如说国内 A 股市场的黑马飙涨行情中经常在连续两到三个大阳涨停板之后出现一次单日洗盘，又比如说在一些比较强势白马行情中结构性洗盘经常向下打到前一波上涨的三分之一下方到二分之一上方之间的位置。如果在同级别运动中去观察行情，不难发现在一个市场运动结束后，随之而来的反向运动一般会在时间或空间上的某一项中达到之前一个运动的一半。

通过拆解和组合价格运动的结构还可以发现结构本身就是运动层次的规律：基本运动的结构就是次级运动的轨迹，次级运动的结构就是日常波动的轨迹。

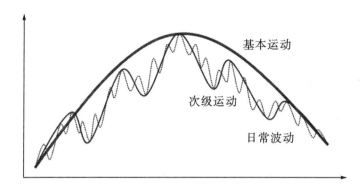

把这条规律反过来还可以发现：市场在日常波动的运行中逐步演变出了次级运动的轨迹，因为次级运动一开始就存在，并对日常波动的运行起到了牵引作用。市场在次级运动的运行中逐步演变出了基本运动的轨迹，因为基本运动一开始同样就存在，并对次级运动的运行起到了牵引作用。

2. 不同级别趋势运行的时间

在道先生的趋势划分体系里，三重运动是基本运动、次级运动和日常波动的叠加，它们总是同时出现并同步演绎。尽管从波浪理论开始投资者们就已经认识到了市场中确实存在着为期50年以上的超级循环轮回，但那么巨大的尺度对于大部分投资者来说并没有太大的意义。经验表明，道先生的三周期划分方式具有非凡的实战价值。

最为重要的基本运动运行时间总是在1年以上，它规律性最强也最容易被把握，从方向开始就界定了市场的牛熊。

第二重要的次级运动运行时间在数个星期到数个月之间，它只具有一定的规律性，所以难以被把握，每次它与基本运动方向相反时就意味着牛熊市运动中的某一期已经运行过半。

最不重要的日常波动运行时间一般多在13天之内，它就好像在乱风中摇摆的气球一样具有很强的随机性，它让整个市场的演变变得更为复杂，而且这种影响永不停歇。

我们对于行情级别的定性判断，依据因果思想，一般以时间为优先考虑要素，以空间为次要考虑要素。但是如果某一段发生在较短时间内的价格运动的幅度明显达到或超越了其他次级运动的平均标准，应当根据市场的运行状况适当地将其识别为次级运动。

3. 三重运动的叠加性

三重运动理论深刻地揭示了趋势的运行方式。三重运动总是同时存在，所以对于趋势的认知也应当从相应的三个级别入手。只有同时识别出了基本运动、次级运动和日常波动的趋势分析才是完整的，因为趋势本就是三重运动的演进。

第二节　基本运动的方向

识别基本运动方向就是把握市场中最重要的问题，投资者和投机者交易成败的关键也正在于此。就好比在一个上升的电梯中，往往不用做任何别的事情自己的海拔就在上升；而在一个下降的电梯中，即使努力到虚脱也很难让自己的高度不再下降。所以，在研究市场的时候，首先要做的工作就是确定基本运动所指向的到底是牛市还是熊市。

关于基本运动的可预测问题，我们首先必须找到它确实可被预测的合理逻辑，否则随后的一切分析预测手段都将是无源之水无根之木。有关这部分内容，查尔斯·H. 道先生早已用质朴的语言为我们阐述了："市场并不像一只在风中摇摆不定的气球。从整体上看，它代表着严肃的、经过深思熟虑的努力，那些富有远见、信息充分的人正在试图让价格与现存价值或不久未来将存在的价值相适应。出色的交易者所想到的并不是价格能否被抬高，而是被购买的资产价值能否让投资者和投机者们在半年以后以高于现在价格 10% 到 20% 的幅度买进股票。因此，分析股票市场时首先要知道一种股票在 3 个月以后的价值，然后再观察操纵者或投资者们是否正在让价格向那个数值靠近。这种方法可以很清楚地分析出市场的价值，了解价值也就明白了市场运动的含义。"

另外，道先生还为投资者们指出了"投机行为使得狮城可以被预测，投机行为是自然经济的基本组成之一"。一些经济学家对于投机行为的研究成果也表明：投机活动总是能预见商业的发展趋势，投机活动助推了商业的发展。另一个能够从反向证明这一观点的案例是，在美国政府接管了铁路公司之后，铁路类股票的走势就基本陷入了不太发生反应的呆滞状态，与此同时仍然拥有相当投机活动的工业类股票走势和经济数据则先后发生了与经济同向的变化。也就是说，市场的可预测性因为政府的过度干预降低了——投机性的丧失违背了其自身的自然经济法则，此时基于相互验证才能完全发挥作用的股市晴雨表已经丧失了部分预测的功能。

运用趋势理论时要理解我们对于市场的预测和鉴别其实是同一概念。基于技术分析的三大公理，任何人所知道、希望和预期的任何事情都可以在市场中有所体现，所有的思想和行为都会在市场的三重运动里有所体现，而我们认为市场会按照趋势理论模型发生周而复始的牛熊轮回，因而分析当前的市场三重运动并以此鉴别市场的相对于趋势理论的位置就能够让我们对于未来市场的发展走势做出具有相当确定性的预判。

要注意的是在这种预判推演的过程中，任何想要预先确定基本运动的时间长度都是不可能的。我们唯一能确定的是，基本运动运行得越远，市场所积蓄的反作用力就越大，其随后的反向运动往往就越强。此时我们根据这种反作用进行成功交易的确定性就越大。

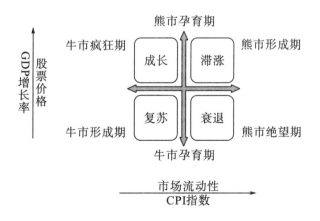

市场整体的流动性总是随着经济周期的变化而变化。当经济逐步从滞涨期进入复苏期时，之前还在执行防御策略的"聪明资金"会提前发现优质股票未来的价值。随着财政政策的放宽，越来越多的投资资金会不断地涌入股票市场，重要指数行情也将在这个过程中从震荡下跌转为缓慢盘底再变成慢速上涨。当经济逐步从兴盛期进入衰退期时，"聪明资金"会提前发现优质股票的价值已经提前被之前漫长的上涨行情所兑现。随着财政政策的收缩，越来越多的投资资金会不断地离开股票市场，重要指数行情也将在这个过程中从震荡盘升转变为快速做顶再变成快速杀跌。

以上就是市场在见顶和见底时所发生的一些事情。重要指数的运动代表着的是市场中绝大部分股票的走势方向。不论投资者理解或不理解这个过程和规律，市场的牛熊轮回总是在这样的循环之中如期发生。在这个过程中，遵循这个规律的投资就是比较容易成为市场中的赢家，违背这个规律的交易就是比较容易成为市场中的输家。不论投资者愿不愿意，当熊市开始的时候，几乎所有的多方头寸都会在相当一段时间内持续发生亏损。

第三节　次级运动的机会

价值投资派的创始人、股神巴菲特的老师本杰明·格雷厄姆先生在他人生中遭遇的两次重大失败都是栽在了重要的下跌次级运动中。因此，在充分地了解基本运动之后，即便仅是为了能够更好地评估基本运动相对于趋势理论模型的发展程度，我们也必须理解并懂得次级运动的发展模式和典型性质。

1. 骗人的次级运动

次级运动是市场运动中仅次于基本运动的、最容易"骗人"的一种运动。次级运动不论在幅度上还是时间上都一定总是小于、短于基本运动，但是它本身就是很容易被误会为下一个基本运动的第一波。因为次级运动本身就是基本运动的"零件",股票市场的基本运动是由次级运动组成的,反向于基本运动的次级运动确实有可能会成为下一个基本运动最开始的一段行情。

但是在每一轮牛熊循环之中次级运动对于市场运行带来的趋势转折行情只有两次。除此之外,在每一次反向的次级运动结束之后,市场都将继续按照原来基本运动的方向继续前进。当次级运动与基本运动的方向都为上涨时,市场将会发生牛市中的加速上涨行情。当次级运动方向向下而基本运动的方向向上时,牛市将迎来一次重要的调整(折返)行情,其运行幅度约为前一次调整行情之后基本运动运行幅度的 33％到 66％。当次级运动与基本运动的方向都为下跌时,市场将会发生熊市中的加速下跌行情。当次级运动方向向上而基本运动的方向向下时,熊市将迎来一次重要的反弹(折返)行情,其运行幅度也将大约为前一波调整行情之后基本运动运行幅度的 33％到 66％。

因为基本运动是最容易把握且规律性极强的,而一般情况下趋势理论的运用者们并不急于关注市场中的日常波动,所以我们也可以认为,市场中的风险主要来自次级运动。在基本只能单边做多的国内 A 股市场中,次级下跌运动行情就是市场中风险最大的炸弹,一旦识别出来,一定要尽可能地避开。

2. 次级运动不存在固定的结构

在经典的趋势理论中,次级运动并不存在固定的模式。这个结论在相对意义上是正确的,因为即使是形态相同的两个次级运动,其中的结构往往也是有许多不同之处的。随着形态学和混沌理论的出现,市场的运行模式和运行结构逐渐地被区分和定义了出来,因此对于次级运动的严谨表述应当是"次级运动不存在固定的结构,但具有许多种可以确定的形态"。

在较大的周期中,例如以基本运动为跨度,次级运动总是在常规型与变异型、简单结构与复杂结构之间反复横跳。例如 A 股市场中,2005 年牛市的低位为"小双底和头肩底复合式双重底部",其中小双底是变异型而头肩底是标准型;2014 年牛市的低位为"多重镶套三角形底部",其规律性比2005 年的牛市底部要强一些,但内部结构则复杂了许多;2019 年牛市低位为"破底反涨加小右肩变异型头肩底"，其规律性相对较低，左侧复杂但右侧简单，是很容易让人踏空、错过牛市第一期第一段的类型。

次级运动不会在同一维度、同类位置上轻易地重复。这一点在重要市场指数中尤为适用，但在个股上则并非总是如此。国内 A 股中有相当数量的上市公司本身股本并不算大，在扣除股东们持有的股份和市场中自然沉淀的股票之后，上市公司在市场中剩下的流通股数其实并不是太多。此时如果有某个或某群较大的资金对它的发展和未来坚定看好，就有可能出现"高度控盘"的情况，此时该股票在次级运动，甚至是日常波动中会因为受到固定的某一群人的强烈影响而不断地发生相似的运动模式，表现出所谓的个性鲜明的"股性"。一旦发生这种情况，投机者很有可能就发现了某个绝佳的机会。

3. 连续的次级运动彼此之间存在关系

市场行情在运行中遵循因果关系。如果没有投资者或投机者在前方建仓吸收下跌趋势中交易者们持续抛出的筹码，市场中多空双方的力量就不会改变，随后的上涨行情就成了无稽之谈。

趋势理论家 Gartley 先生在《股市利润》一书中根据雷亚先生的次级运

动归类总结出了许多图形，并提出了重要的 Gartley 法则：正向次级运动的幅度越小，随后逆向次级运动的幅度越大，反之亦然；这种现象普遍存在于牛市和熊市。

在这一条法则的具体应用上要注意"次级运动是连续的"这一客观现象。也就是说，在观察行情时，任意两个相邻的波段或形态都要按照该法则进行对比，甚至任意两个同级别同向波段之间也要进行对比。这种对比用于的行情级别最好是在次级运动之中，但对于图形规矩的日常波动也同样适用。

我们可以在 Gartley 法则的基础上结合趋势理论进行推演：

（1）如果与基本运动同向的次级运动幅度较小，那么随后的反向次级运动的幅度就容易变得较大，随后的第三个与基本运动同向的次级运动的强度和时间与前两个次级运动整体的时间和空间都有重要关系。

第一，前两个次级运动整体的时间越长，多方力量积蓄得越强，第三个次级运动越有可能出现强劲的走势；前两个次级运动整体的时间越短，空方力量剩下的越多，第三个次级运动就越有可能走出疲软的走势，甚至有可能成为基本运动即将发生转折的前兆。

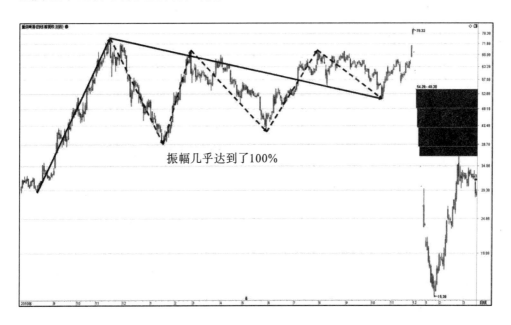

第二，前两个次级运动整体的振幅越宽，则多方的力量越分散，第三个次级运动也就越有可能走出疲软的行情，甚至有可能成为基本运动即将发生转折的前兆。

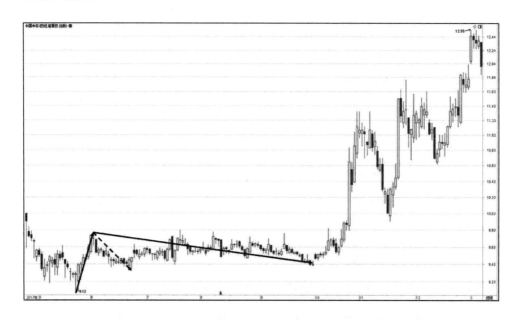

前两个次级运动整体的振幅越窄，比如收缩成为线型，则多空双方的力量越是在狭小的战场上激烈拼杀，随后的行情一旦越过了这片区域，市场就极有可能会迅速地沿着越过的方向发生第三个次级运动。

（2）如果与基本运动同向的次级运动幅度较大，那么随后的反向次级运动的幅度就容易变得较小，随后的第三个与基本运动同向的次级运动的强度和时间与第一个同向的次级运动关系更为密切，但与第二个反向次级运动的关系则没有那么密切。

第四节　日常波动的诱惑

如果说次级运动所在做的主要是引发人们的恐惧心，那么日常波动所在做的就是不断地把一碟又一碟诱人的利润小蛋糕摆放在人们面前，以此来兜售价格正在向上波动的股票。

有些人坚持认为市场是会出错的，有些人坚定认为市场一定是对的，这两类人总是在讨论市场时发生分歧，因为没人说得清楚市场到底是对的还是错的。

对于这个问题，我们可以根据三重运动理论把神秘的"市场先生"分成三个可爱的孩子，如此一来，"基本运动小朋友"是三兄弟中最为理性的那个，他默不作声，但总是对的。"次级运动小朋友"是个调皮的孩子，他跟在基本运动哥哥的身后左摇右晃，但神奇的是，在每一次基本运动转身的时候，次级运动一定是在他前面的！"日常波动小朋友"是个患有多动症的好孩子，他很听两位哥哥的话，但总是很容易情绪激动，有时候就连基本运动也说不准日常波动到底在那里干什么。另外，"日常波动小朋友"总是安静不下来，只要大人（交易者）在他面前就会一直问问题，还会不断地向大人兜售他手里的小蛋糕、棒棒糖之类的东西，不论被大人拒绝多少次也不会显得不耐烦。不过如果仔细地观察日常波动向我们兜售的东西就会发现，大部分时候那些看起来不错的小甜点要么还是生的，要么已经过期了。

上面的比方可能比较夸张，但是笔者想表达的意思却很清晰。从基本运动的层面去观察市场，市场总是对的。从次级运动的层面去观察市场，市场大部分时候都是规律的，但偶尔也会骗骗人。从日常波动的层面去观察市场，恐怕市场很多时候都是错的，但确实也有对的时候。

真正的投资者一定要拥有与一般大众投资者所完全不同的思维方式和能够承受诱惑与打击的良好心态，这一点非常重要。每一位真正的投资大师都有至少一种确实可以被人做到的方法或认知去屏蔽掉日常波动的干扰。

比如说本杰明·格雷厄姆传授给他弟子巴菲特的名言："就短期市场而言，股市是个情绪化的投票机器；但就长期市场而言，它却是准确无比的天平。"

比如说江氏操盘的周期交易系统口诀：大趋势赚大钱，小趋势赚小钱，看错趋势倒亏钱，看错小趋势亏大钱。

另外，日常波动的情绪化主要来源就是市场中的各种信息。很多人错把搜集信息和听消息作为基本分析的重要工作，这其实是很有问题的。一般说来，即便是在当今的 5G 信息时代，很多消息传到我们耳边的时候也可能早就过时了。至于为大盘某一段已经发生过的行情去找所谓的十大原因、八大理由之类的行为，那更是缘木求鱼。

须知，市场行为包容一切，当然也包括交易者因为各种信息而发生的情绪化反应。作为一名理性的投资者或是聪明的机会性投资者，不妨就让那些总是激动的情绪安安静静地待在日常波动中吧。

思考，是最好的沉淀方式！

1. 股票市场的三重运动原理适用于期货市场和外汇市场吗？

2. 你为什么对于问题 1 有着这样的判断，可以给出依据吗？

3. 思考对于次级运动的理解，这些知识对于你的价值如何？

第 三 章

预判趋势

趋势的三大基本构成要素分别是时间、空间和方向，包罗市场万象的三重运动在此三大基本构成要素的基础上展开。趋势的特征，例如角度和结构，一定是在三大基本构成要素的基础上、在三重运动之中才具有研究的价值和实战的意义。

基于三重运动原理可以发现，市场在不同的时间周期上完全有可能处于不同的方向之中，于是问题就又回到了原点。不过，在深入复杂的三重运动的结构之前，我们可以从单一级别的价格运动模式入手，由易到难、从简化到全面地完成对于市场行情运动模式的认知。

第一节　看清市场的类别

"市场按趋势的方式演绎"看起来似乎很简单，很多人总是自以为是地判断市场不是上涨就是下跌。但事实上波峰波谷的走势，即趋势的方向，一共有三种——上升、下降、无趋势状态。难的不是对历史走势的鉴别，而是对未来的预测，以及在未来的交易中，如何去应对预测错误的走势。

1. 趋势的定义

在江氏操盘的课程里，笔者一直向大家强调要回到第一性原理的角度去思考问题，只有这样才能够从事物的本质上探究解决方法，所有表面上的解决方案都不能长久。因此，我们依然从理解趋势的定义开始。

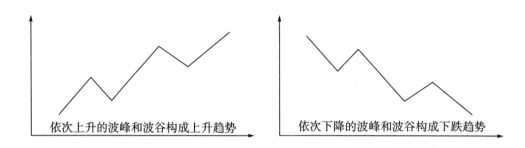

依次上升的波峰和波谷构成上升趋势　　　依次下降的波峰和波谷构成下跌趋势

上升趋势：当后一个次级上升浪突破前一个高点，且后续次级下降浪止步于前一个低点之上时，市场处于牛市之中；

下降趋势：当后续次级上升浪终止于前一个高点之下，且后续次级下降浪突破前一个低点时，市场处于熊市之中。

趋势的定义，在江氏操盘的各个课程中都有反复强调，这是一切交易模式的基础，比如在计算连续创新高的K线根数的时候，比如在选取不断抬高的低点作为风控的时候。

乐惠国际2020年4月到8月的持续上升趋势就是对强势趋势的一种非常经典的演绎。要求股价不断地创新高，同时要求每次回调的时间尽量地短，且回调的空间尽量地小，这才能保证多方力量的充足，才能让上升趋势在时间上更长，在空间上更高。

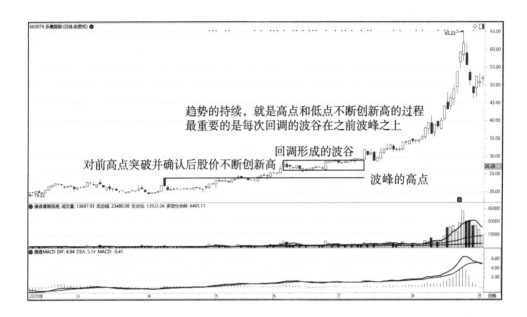

所谓的强势股，就是表现出最强上涨动能的个股，标准就是强势的多头K线。预期是要有的，但是我们交易的不是预期，交易的是被验证有效后的事实，也就是说只有对的预期才会产生盈利，而散户通常活在预期错了但是又期待会对的幻想中。

2. 市场的相互验证

市场的涨跌本身具有多面性，只是单一地从某个方面看待市场的变化就像是管中窥豹，多维度的信息是为了让我们更接近市场的真相。所以，传统的趋势分析方法要求大家通过不同指数之间的相互验证来进一步判断趋势的准确性。

大盘指数的弊端

基于成分型指数的编纂原则，单一指数的涨跌趋势总是很难说服投资者认为这是市场的整体状态。2020年6月A股改动了上证指数的编制规则，但是也没有办法解决指数失真的问题，这是因为很多蓝筹股的大部分股份是不流通的，虽然已经没有买卖限制了，但是对于只是为了持股控股的大股东来说，是不会参与二级市场的流通的，也就是说会导致大盘指数被大蓝筹绑架。

无论是大盘指数还是板块指数，都是由个股构成的，各种指数是对具有不同属性的个股进行的系统性分类。当不同属性的个股或者指数走出同样走势的时候，要比通过单一的走势得出的结论准确率高。这是相互鉴证的理论基础。纵观世界金融史和 A 股 30 年的历史，这个标准在判断整个市场基本运动的牛熊趋势时准确率会更高，在震荡的走势中就不太适用了。

事实上，某一行业指数在市场整体低迷时独自走高的情况也不新鲜，典型的是消费股，这是最典型的防御性板块，通常在大盘低迷的时候走强，它们的代表是酿酒、医药、家用电器和食品饮料板块。如果你是通过这几个板块指数来验证大盘的趋势性就差之毫厘谬以千里了。

在 A 股中有个特殊的词叫作"结构性行情"，即不是所有板块都上涨，而是此起彼伏交替着上涨。这种特征在 A 股市场持续的时间非常长，即使在未来的坚定看涨的上升趋势中，也大概率是结构性上涨的机会。从 2018 年底，创业板明显走出了非常强势的反转上涨行情，虽然大盘指数也止跌开始上涨，但是强度远远落后于创业板，最典型的就是强势股的持续时间。到 2020 年 8 月份，很多创业板个股维持的上涨时间超过了 1 年，但是大盘股里面这样的强势股却屈指可数。所以对于市场的验证，是分析趋势的一个策略，但也不是全部，它给到我们最大的信息就是当下板块强度的持续性如何。

对大盘指数最好的趋势性验证就是证券板块，这个更偏向于上证指数，因为证券公司一定是牛市中最具有收益预期的板块，这种确定性的利好，是各路资金一致看多的基础，也是每次牛市行情必参与的一个主线。也就是说证券板块不启动，大盘指数是没有办法走出牛市行情的。对于中小板、创业板和科创板，这种明确的验证性板块就不会非常清晰，只要是有扛大旗性质的板块，对应的大盘指数才会上涨。

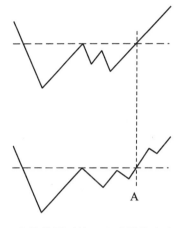

两个指数同时处于上升趋势之中 　　　两个指数不都处于上升趋势之中
　　　相互验证为牛市 　　　　　　　　市场整体方向无法确定

趋势的相互识别：当道琼斯工业指数与运输指数同时处于上升趋势时，可以确定整个市场处于牛市；反之则整个市场处于熊市。在两个重要指数不能够相互验证的情况下不能确定趋势。

根据以上信息，我们既明确了分析预测趋势将会继续行进的法则，也能由此推断出分析预判趋势反转的法则。在分析趋势的过程中一定要运用好三重运动原理：

首先，根据每一重价格运动的波浪结构分析相应级别的趋势方向，此时其他级别的价格运动在目标级别的分析中是暂时被剥离并搁置的。这种分析一般应当在基本运动、次级运动和日常波动中各进行一次，或至少进行两次。

其次，再把对于各个级别的运动分析结果组合在一起，此时我们对于市场整体的运动状态就有了相当程度的、立体的认知。

最后，比照趋势理论模型"三期五段"或"五期八段"确定当前整体分析结果在市场中所处的位置。如此一来，投资者就能够更好地把握住当下的行情了。

在趋势理论中，分析和鉴别按照分总法和对比法依次进行。这么做的价值在于，我们随后就可以根据技术分析三大公理的第三条"历史会重演"比照趋势理论模型对未来的行情进行大致的推演和预判，因而鉴别和预测实际上是同一概念。

具体说来，如果我们分析和鉴别市场的结论是当前处于一般型牛市的第二期第三段，那么对于随后的牛市第四段回调整理行情就没必要太过恐慌，完全可以等到牛市第三期第一段尾声时再优雅地兑现手里的股票。但如果我们分析和鉴别市场的结论是当前市场处于持续发展型熊市的第二期第三段，那么我们就有必要为未来的牛市多做一些准备了。

而对市场进行相互验证分析是为了保证我们对市场整体的分析更加客观，从而提升分析的正确性，避免以偏概全或一叶障目的错误。

趋势不仅需要识别，还需要不断地验证，一方面是对指数或者个股自身趋势性的识别，另一方面是对市场其他指数、所在板块指数以及相关个股趋势的识别。

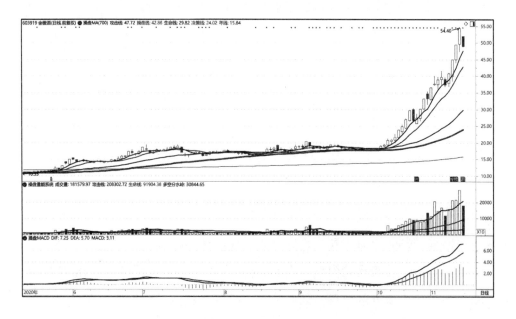

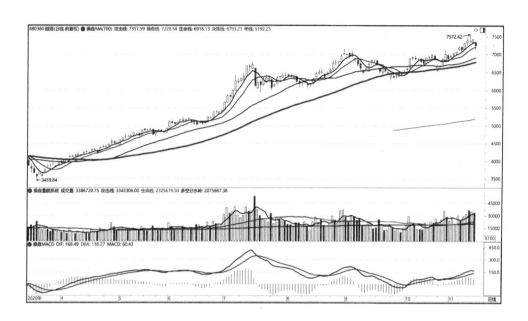

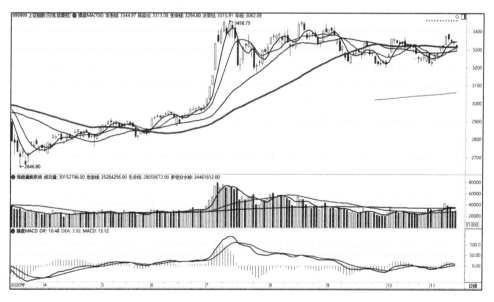

　　这个解决的是分析的过程，但是最终回到交易的时候，你的标准只有足够简单，才能够保证有效的执行力，而顺势而为的交易模式就是众多交易模式中最为有效的一种。你越接近它就会越喜欢它，甚至爱上它，就像是你在寻找一个上百年的玉如意时，却意外得到了一个上千年的秦陶瓷。

第二节　识别趋势的时间

时刻牢记三重运动原理。我们在分解了各个级别周期之后分别分析各自前进的方向，再把它们组合在一起，这样才算是初步完成了技术分析。

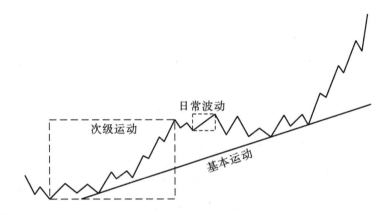

查尔斯·H. 道先生因为资料不足曾推断认为基本运动的运行时间应该在 4 年以上，随后的传承趋势理论的先贤们很快就完善了对于基本运动的描述，最初因为资料太少而难免产生的疏漏很快就被修正了。有这样一个客观事实是，市场中存在着很多较长时间的重大运动，只是它们持续的时间并没有达到 4 年的时间尺度。

股票市场并不是精密的机械，而仿佛是有生命一般动态的艺术。定性定量的描述是我们为了更加清晰地认识和理解市场而制定的标准。然而定性和定量本身并不是混沌市场的唯一尺度，更不是行情本来的样子。

1. **基本运动的时间**

结合江氏操盘的实践经验总结，我们一般可以认为：日常波动的时间在 13 天以下，次级运动的时间在 13 天到 1 年以内，基本运动的时间在 1 年以上。这里采用的数据基本上都是斐波那契数列"13"或其方便认知的近似

（1 年有 12 个月的时间）。我们不能擅自认定一段持续 11 个月零 11 天的行情就一定没有持续了 13 个月零 13 天的行情重要，但是一段只有 3 天的行情与持续了 3 个月的行情相比究竟谁更重要在趋势理论学习者的眼中肯定一目了然。

2. 次级运动的时间

三重运动的级别划分方法和方式是为了帮助投资者更清晰地去把握市场的主要问题主要矛盾。抓住了市场中的主要矛盾就把握住了应对市场行情的重点所在，最后投资的结果往往也会令人欣喜。

对于行情基于时间要素的重要性划分，江氏操盘实践总结的经验是，当时间的跨度比例大于 2 时，轻重缓急就一定已经清晰明确了；当时间的跨度比例大于 5 时，两者很大概率会存在结构性的级别落差，此时有必要重新审视之前对于趋势行情的划分和判断。

3. 日常波动的时间

值得一提的是，如果一个人能够自始至终地认为并坚持应当采用卢卡斯数列 "18" 来进行三重运动级别的划分，相信他也能在市场中取得不俗的战果。但是如果取值 "34"，那么他的投资回报率可能并不会太理想。对于取值 "89" 的情况……可能正有一场交易的灾难在前方等待着他。这里面的问题在于划分三重运动的标准是否考虑到了三重运动各自的特性以及各个级别行情的客观主流存续周期。

第三节　跟踪趋势的延续

只要市场正一如既往地按照原有的趋势模式运行，我们就可以认定趋势正在延续。为了精准地识别趋势的运行状况，我们有必要对于趋势的结构进行拆解以获得趋势的最小结构单元，由此得出价格运动的 "模式（pat-

tern)"。

混沌理论中有一条重要原理是："所有的复杂都由简单构成。"我们只需要把简单的模式识别出来并加以深度理解，再面对复杂的价格运动结构时就能够轻松许多。关于这一点还有一条推论：除非趋势的结构单元发生了改变，否则我们就可以认为趋势仍在延续。

1. 上涨趋势的最简结构

当市场新的波谷止步于原有的波谷之上，新的波峰高于原有的波峰时，我们就能确认上升趋势。另外一个能辅助我们观察上升趋势的重要特征是，在上升趋势中的结构波浪往往涨得多而跌得少，此时每一对相邻波峰波谷的高点多在它们总时长一半的右侧。

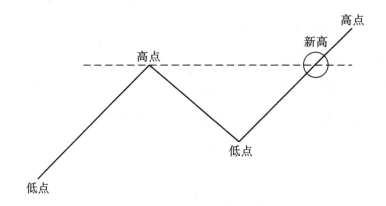

上图就是上涨趋势的基础模式、最简结构单元"三折浪"，它由两个上涨的价格波浪和一个下跌的价格波浪组成。

简单的事物中往往蕴含着复杂的道理，市场中一切的复杂和变化都是由三折浪结构单元衍化而来。例如波浪理论中的推动浪就是向后重复了一次且反向的价格波浪不在空间上重叠的三折浪运动。再比如螺旋理论中的慢速趋势通道就是多次向后重复的三折浪，其中每一个反向的价格波浪都与之前的反向价格波浪在空间上发生了一定的重叠。

江氏操盘对于上升趋势给出了方便记忆的口诀，我们应当在理解其意义的基础上灵活地善用它们："两低点一新高""低点抬高高点抬高"。

2. 下跌趋势的最简结构

当市场新的波峰止步于原有的波峰之下，新的波谷低于原有的波谷时，我们就能确认下降趋势。对于下降趋势同样存在一个能辅助我们观察的重要特征：在下降趋势中其结构的波浪往往跌得多而涨得少，此时每一对相邻波峰波谷的高点往往总是在它们总时长一半的左侧。

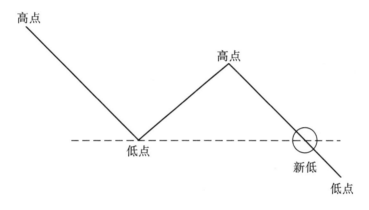

江氏操盘对此同样给出了方便记忆的口诀："两高点一新低""低点降低高点降低"。

3. 市场还存在水平类结构

尽管道先生最早只是对上升趋势和下跌趋势进行了定义，但我们仍有必要对于水平趋势刨根究底。在实践的过程中，水平趋势总是出现在重要的转折处，因而也具有非凡的研究价值。

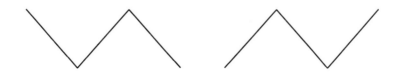

横向延伸的波峰和波谷构成水平趋势（1）水平

当市场图形的波峰和波谷不存在明显的高低之分，或者干脆就是各自集中在一个水平平台之时，我们就可以认定趋势就是水平方向的。这是最为标准的箱体形态特征。另外，若箱体形态的波动幅度足够狭窄，还会变形成为非常具有价值的线型。

市场中有一部分人将箱体等在狭窄处反复震荡整理的行情称之为夹板，然后在这种形态里拼命套取价差，但趋势理论并不提倡在这样的行情中参与交易。要知道，在任何狭窄的震荡区域中，其潜在的风险实际上是远远大于机会利润的，明智的做法应当是在市场选择出新的方向之时大胆追随新趋势的发展。

在市场中这种依次横向延伸的行情也是非常重要的，但是很多所谓的技术交易方法对这种类型行情的处理总是不尽如人意，要么频频卖在地板上而买在天花板，要么就会因为过于关注箱体的走势而在随后明确的趋势中出现交易方向的失误，甚至可能正面遭遇与持仓方向相反的非常迅猛的次级运动行情，直接危及投资者珍贵的本金。

投资者要明确这种走势的出现说明市场正处于微妙的平衡状态，此时在上下两个平台的价格区间中，多空双方的力量暂时达到了相对的平衡。然而这种平静只是表象，市场的真实情况是位于此处的多空双方被限制在有限的空间中激烈搏杀，这种平衡一旦被打破，新的趋势也将在那时诞生。

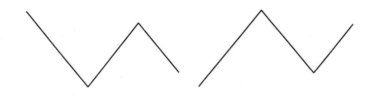

横向延伸的波峰和波谷构成水平趋势（2）收敛

在第二种水平趋势中，新的高点在降低的同时，新的低点也在抬高，行情整体在不断地收敛，趋势的波动性在不断地降低。随着这个过程不断地进行，实质上在激烈拼杀的市场多空双方都在不断地被压缩，更强的力量正在被凝聚。因此这种形态的平衡是明显的蓄势过程，最迟在收敛的尽头一定会出现新的趋势。

横向延伸的波峰和波谷构成水平趋势（3）扩散

在第三种水平趋势中，价格的上涨与下跌的幅度都在不断地变大，高点在抬高的同时低点也在降低，市场的波动性在不断地增强，水平趋势的运行越发的不稳定。这种状态的市场只是虚假的平衡，实质上是不平衡也不安定的。行情扩散到最后，直到多空某一方无力更进一步争夺战场时，另一方也并未获得完全的胜利。可以说扩散型水平趋势是市场上走势偏弱的模式，在此之后的趋势也较为容易存在波动性较强的特征，与趋势方向相反的一方在趋势改变之前总是倾向于发动反扑。

4. 趋势的延续就是同一类结构的重复演绎

如果之前五幅图的波浪都是时间较长的次级运动，那么由它们构成的新的趋势就是基本运动的方向。

在基本运动向上的牛市中，我们总是能够看到次级运动一浪更比一浪高，整个市场就仿佛涨潮一般势不可挡，胆敢逆势而动的人就算勉强冲破了前浪也难免会被后浪拍死在沙滩上。反之，熊市的次级运动则一浪更比一浪低，整个市场都在退潮，胆敢逆着这种大势行动的人最终难免被拖进伸手不见五指的阴暗海沟。当市场的浪潮没有明显的变化、浪潮的高低变化暧昧不清时，我们就可以认为行情处于平衡状态之中，或者可以称之为没有趋势。

我们还可以对趋势图进行更进一步的推理，比如说把上述五幅图的波浪看作是较小的日常波动的简化轨迹，那么由许多个它们构成的整个形态就是次级运动的样子了。

当我们把基本单元图像向内部或者外部各叠加一次，就能够在理论图中同时看到基本运动、次级运动和日常波动。

牛市有着一系列依次上升的波峰和波谷，在每一段上升次级运动之后都会有不同方向的次级运动，而日常波动又进一步丰富了次级运动的变化，使得市场看起来是那么的富有变化；熊市那一系列依次下降的波峰和波谷也是由下跌和不下跌的次级运动构成的，日常波动在这个过程中万年不变地丰富着次级运动的运行和变化。于是最终"趋势就是三重运动的规律，趋势就是三重运动的演进"。

第四节　等待趋势的新生

在原有的行情转折之后，新的趋势就诞生了。

市场总是有惯性的。在我们发现了新趋势的诞生时，果断的介入是成为股市赢家的不二法门。然而市场是具有三重运动这一复杂特性的，将"与基本运动逆向的次级运动"和"新的基本运动诞生"区别开来是界定牛市和熊市的重中之重。在趋势理论中，这是投资者在面对市场时最难把握的、同时也是最重要的技术之一。

1. 基于当前的牛熊市状态分析判断次级运动

忽视了基本运动的存在而只重视次级运动是市场中不少参与者常犯的错误，但次级运动复杂又多变，因此在面对次级运动这类富有欺骗性的行情时难免频繁地失败。但次级运动的复杂性也是市场得以存在的基础，否则如果股票市场里大多数人都是赢家，那又有谁来负责用亏损为赢家买单呢？

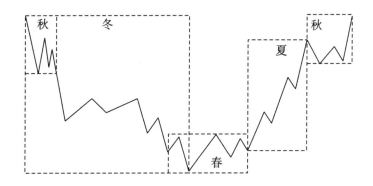

对于趋势的新生，我们应当在循环的格局中去理解，而不能机械地、线性地去看待市场的牛熊。牛市三部曲讲述的是市场从熊市转变到牛市的过程，我们可以把这个过程看作是"底部"；而熊市三部曲讲述的是市场从牛市转变到熊市的过程，我们可以把这个过程看作是"顶部"。由此一来，市场的结构就不再是单纯的牛熊二元对立，而是由底部、上涨、顶部和下跌构成的循环，就像一年四季的春夏秋冬。如此一来，投资者就可以在市场的春天布局逐步买入股票，在夏天持仓不动赚取利润，在秋天择高兑现收获上涨，同时尽可能地避开来自冬天的威胁。

2. 深入理解牛熊循环

不只是一年四季这个循环在太阳辐射温度的变化中存在大气和海洋的逆向温度调节，每一颗恒星都存在着内部的循环流动和周期性的耀斑等，甚至在宇宙中号称吞噬一切的黑洞也存在着"蒸发"的现象——它在吞噬一切的同时总是持续地向外喷发着高能粒子流。可以说宇宙中的每一个有机的循环体系中总是同时存在着正向循环和逆向循环，这正是伟大的宇宙的法则，股票市场也不例外。

我们可以把牛市完整的三重运动看作是螺旋式的上升，把熊市的三重运动看作是螺旋式的下降。其中与基本运动方向不同的次级运动是对于之前同向次级运动的否定，而新的与基本运动同向的次级运动则是对于最初价格运动的否定之否定。如此我们就看到了趋势的发展，同时也不会为某些剧变的次级运动而大惊小怪了——当否定之否定又被彻底否定时，行情的停滞和反转也就不奇怪了。

3. 牛熊转势三部曲的应用

我们可以从动能的角度来理解股票市场的牛熊循环。在这里还可以借鉴物理学，比如说一个小球刚刚被向上弹飞到半空中时会具有向上的动能，随着它越飞越高，剩下的向上的动能也就越来越少，原来的动能则逐步转化为重力势能积蓄起来，等到小球飞到了最高处，其向上的动能也随之耗尽，被转化出来的重力势能就会迅速释放为下跌的动能，于是小球开始快速坠落。

（1）一蹶不振模型

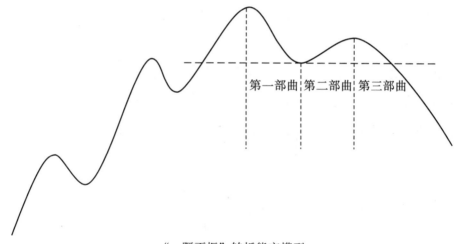

第一部曲 第二部曲 第三部曲

"一蹶不振"转折熊市模型

基本运动的上升趋势是多方力量的释放和空方力量的凝聚。投资者在底部收集的筹码总是会随着上涨而逐步被派发到不明市场真相的交易者手中。其间投机者每隔一段时间就会释放一次筹码兑现利润并转身寻找新的机会，这其中也有一定幅度的多方力量释放和空方力量凝聚，于是市场的次级运动总是在投机者们复杂的思想中而难以捉摸。直到某个时间，市场的多方力量基本释放完毕，而聚集的空方力量足以压倒现存的趋势时，随着熊市三部曲的奏响，市场的巨大转折就来临了。

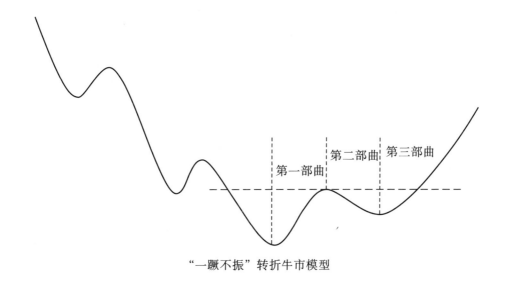

"一蹶不振"转折牛市模型

基本运动的下降趋势是空方力量的释放和多方力量的凝聚。如果是在不能做空或者难以做空的多方单边市场中，交易者在顶部追入的筹码会在下跌中逐步地抛售，直到市场跌出了"价值"——随着经济环境逐步转变、政府政策逐步到位等，投资者开始陆陆续续地从绝望的交易者手中收集筹码；投机者在看到市场存在利润可观的机会时也会蠢蠢欲动——如此，当聚集的多方力量足以扭转疲软的熊市时，牛市三部曲的奏响就是在告诉我们另一个方向的基本运动正在向我们走来。

上面两幅图是在运用三部曲转折法分析行情时的理想模型。不论是在牛市三部曲还是在熊市三部曲中，第二部曲总是与未来基本运动方向相反的次级运动。在一蹶不振转折牛市模型中，第二部曲结束的波谷并未能存在于前一个波谷之下，而第三部曲的上涨则越过了第一部曲结束的波峰，于是在道氏确认日出现时，市场就存在了两个依次抬高的波谷和一个已经越过了前高的波峰。此时再看整个市场，似乎熊市在第二部曲结束的时候就已经一蹶不振了。

另外，在第三部曲越过第一部曲的高点、即道氏确认日发生时，理想的买点也就出现了。要注意在这个模型中的道氏确认日的确认方式与之前有些

059

许不同，这也是一种对于不同市场的灵活应对方式。在一蹶不振转折熊市模型中也是同样的原理，道氏确认日当天就是绝佳的做空位置。

《形态学》中，江氏操盘统计出来的顶底类型有 V 形、双顶和双底、头肩形、箱体型、三角形、圆弧形等，其中每一种又分为标准型和变异型，而在标准型和变异型之下还有多种构成形变，其中有的利于多方、有的利于空方，不能简单地一概论之。波峰波谷的演进方式在复杂多变又爱骗人的次级运动影响下，并不总是会出现能够让投资者轻易辨识的顶部和底部，这个时候，细致地观察顶部底部形态的变化对于行情的分析就十分具有价值了。

（2）物极必反模型

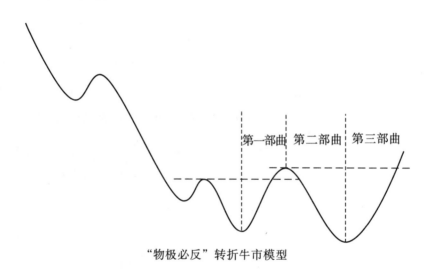

"物极必反"转折牛市模型

在"物极必反"转折牛市模型中，随着下跌动能的衰竭，第一部曲的出现确实让市场出现了难得的振奋，但第二部曲中并没有出现参与者们所期待的衰退的停止，反而又创新低，此时市场已经陷入了失去方向的状态中。直到第三部曲对于第二部曲及其之前的高点一并突破，交易者们才终于意识到："啊！这才是市场的方向！"

一些人对于这样的"喇叭形"存在有三部曲难以转变趋势的担忧，其实大可不必这样。一般情况下，行情之中的多空双方都会在最迟第四次到达前高或前低时决出胜负。在扩散型中，趋势本身趋向于改变，而非勉强维持在水平的状态中，重要的战机对于多空双方来说都是稍纵即逝，此时只要有转势的可能，实质上占有优势的一方便不会放弃。

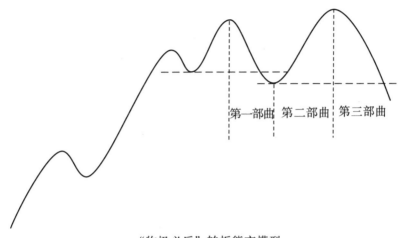

"物极必反"转折熊市模型

在"物极必反"转折熊市模型中，因为之前行情又沿着原基本运动的方向创出了新高，第一部曲对于前方波谷的跌破之于趋势的转折来说只能算作确认了一半，可以看作是未来转折的预兆，但是很明显不可以根据这次跌破急于进行交易，道氏确认日在此时也远未到来。随后的第二部曲对于前方的高点再度突破，更是加剧了市场中的分歧——对于这种情况要牢牢记住在趋势理论中趋势的方向还有可能"平行"，在无法确认未来行情方向时一定要注意保持谨慎的态度。等到第三部曲对于之前的两个波谷都进行了跌破，重要的道氏确认日到来，我们才能够确认趋势的方向已经转折。

当然，趋势理论发展传承到现在，早已有了能够在第三部曲一口气贯穿前方两个波谷之前就预判熊市已经来临的其他工具和方法。这些内容将在后面的技术篇中进行讲解。但要注意严格的趋势判断仍然需要完整的三部曲，其中缺少任何一段的支持都不能下定基本运动的趋势方向已经反转的结论，而只能看作是预判。

　　结合基本运动和次级运动的时间因素来考虑不难发现三部曲的节奏与经济本身的复苏和衰退有着密切的关系。例如在不是灾难或战争因素所导致的经济危机过程中，最热的行业开始崩溃正是接下来一段时间大萧条的预兆；而在这个过程中总是会有一些国家政策试着驱动行业的复苏，但如果政策的力量和影响并不足以扭转这一切，人们就会看到经济复苏失败；随后，在经济危机扩散、商店和企业开始接连倒闭的时候，人们终于确认："啊，经济萧条了。"

思考，是最好的沉淀方式！

1. 是否存在其他的鉴别趋势方向的方法？

2. 在牛市市场无法完成相互验证时，存在投资的机会吗？

3. 市场中是否还存在某种其他的基础结构单元？

第 四 章

——— 确认趋势 ———

有人说"繁星纵变，智慧永恒"，然而随着时间的流逝，总有一些人变得更聪明了，也有一些人还是原地踏步。所谓沧海桑田讲的就是在时间的伟力之下，世间没有真正永恒的事物。

道生一，一生二，二生三，三生万物，随着时间之箭前行，一切事物都在发生着改变，趋势也不例外。

第一节　趋势的反转

当我们把两种不同方向的趋势拼接在一起，趋势的转折就清晰可见了。重要的道氏确认日就发生在我们能够确定市场真的转折的时候。但要注意，运用趋势理论时并非不会出错，不论是使用者运用不慎错误还是遇到了突发的意外，但只要能够及时修正对于市场的认知、保证整体上对于市场的把握是正确的、明确市场的主流方向，次要的错误也就无伤大雅。有时遭遇了失败的投资者甚至还能够带着利润撤退。

1. 由下跌转折为上涨

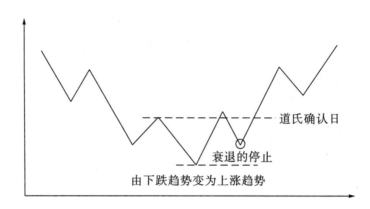

道氏确认日

衰退的停止

由下跌趋势变为上涨趋势

下跌趋势时低点不断创新低，高点也在不断降低。某一天行情波浪的运动突然超过了前方的高点，此时便应当有所警觉。当随后的行情在前低点上方就停住了脚步又调头向上越过了那个高点时，我们就迎来了道氏确认日，旧趋势方向的改变就在这里得到了确认。把这张图垂直反转就是由上涨趋势变为下跌趋势的过程，趋势改变的原理同样适用。

2. 由水平转折为上涨

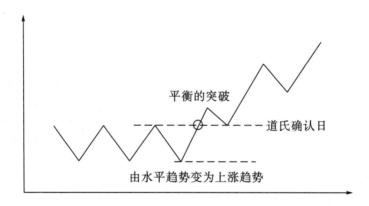

平衡的突破

道氏确认日

由水平趋势变为上涨趋势

如果前方恰好是水平趋势，那么平衡的打破便至关重要。原则上我们并不提倡在平衡的过程中贸然参与交易，因为其后的趋势方向往往是难以确定的。市场中有一群人想要做多，结果却惨遭另一群人出货的例子也确实存在。市场中的赢家对于趋势行情的分析总是要更加谨慎一些。

当平衡被打破，行情越过原来的高点一去不回头时，道氏确认日已然出现。此时顺应趋势的方向进行交易才是明智的。同样的原理也适用于由水平趋势到下跌趋势的转变。

3．由扩散转折为下跌

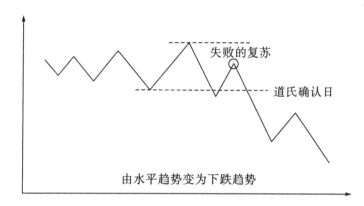

由水平趋势变为下跌趋势

对于扩散的水平趋势，形态分析中往往称其为"扩散三角形"或者"喇叭口"。在道氏确认日之前，当它发生了失败的复苏或者衰退的停止时，未来行情的方向往往就能够得到确认，但也有同时发生这两者的情况，此时行情再度收敛，令人摸不到头脑，整个水平运动将变成较为少见的菱形。相比于平衡和收敛的水平趋势，扩散型的水平趋势的道氏确认日的识别应当格外谨慎一些。另外，如果扩散型的水平趋势出现在了个股之中，其随后的多方行情往往不是很好的交易机会，最好另择其他的投资机会。

第二节　转折的三部曲

对于趋势的反转加以总结，不难发现鉴别牛熊市反转时都是从第一个较大的反向次级运动开始的。

1. 吹响牛市号角的三部曲

第一部曲"复苏的开始"——能够相互验证的两个重要指数同时发生长时间或大幅度的修正。此时伴随着基本面缓慢转变，运用趋势线技术已经可以在基本运动或重要的次级运动行情中观察到一定程度上的转折。

第二部曲"衰退的停止"——市场再次调整时，两个指数的次级运动并没有都再创新低。如果有，那一定要表现出动能更进一步衰竭的形态。

第三部曲"上涨的确认"——第二部曲的下跌次级运动被新的上升行情终结，新的趋势越过了第二部曲的最高点。

市场行情的转折可以在两个指数都出现道氏确认日之后确定市场整体进入了新的牛市或熊市。与牛市转变为熊市不同的是，熊市多是在狂热的氛围中戛然而止，所以市场中也有完整的熊市三部曲被压缩成一声尖啸直接 V 形反转暴跌的例子，不能僵化地理解这套鉴别趋势反转的法则。

2. 敲响熊市钟声的三部曲

第一部曲"衰退的开始"——能够相互验证的两个重要指数上涨动能陆续衰竭，先后发生较长时间的整理或较大幅度下跌的次级运动。

第二部曲"失败的复苏"——随后市场出现反弹，至少有一个指数的行情未能越过前一个高点。

第三部曲"下跌的确认"——新的下跌次级运动跌幅大于第二部曲的反弹幅度，两个指数同时创下新低。

第三节　趋势的验证

三重运动是趋势的规律，趋势是市场演绎的方式。从矛盾论的角度来看，基本运动的问题是市场的主要问题，对于基本运动方向的识别就是对于牛熊市场把握的重点。根据历史总结的经验来分析，当投资者把握住了基本运动就是抓住了股票市场的主要矛盾，而交易者对于日常波动的关注则属于在细枝末节的不重要问题上凭白耗费了过多的精力。

1. 灵活运用三重运动

我们还可以对于三重运动做一个类比：对于一个公司来说，董事们赢得公司发展的财富是要许多年才看得到的，高管们赚取项目运作的盈利是年年都有的，公司的员工挣得工资的钱款是每月例行的，卖菜给员工的小摊贩则是每天都要数数挣了多少钱的。

从类比的角度来看，董事们所做的就是重要的基本运动，公司到底是在积极地推动发展战略还是在消极地进行防守战略，会直接导致整个公司是处于牛市还是熊市之中。对于这一层次的把握就是投资者在市场当中顺势而为赚大钱的秘诀。

当然，对于一位聪明的投资者来说只关注基本运动是不够的，在相当于"次级运动"的高管的层面也得下一番苦功才行。比如说，随着经济的复苏，公司整体从防守战略转变为发展战略时，首先带头去执行第一个项目的一定会是公司的高管；而当公司被高瞻远瞩的经营者们转变为防守战略时，一些高管也有可能早已从忙碌的工作中腾出来，从而有时间去思考下一步究竟该如何去做。在市场中投资者对于重要次级运动的把握往往就是其投资成败的关键所在。理论上如果能够避开市场中大部分重要的反向次级运动，投资者的整体收益将会大幅增加。

查尔斯·H. 道先生对于三重运动理论的创立，对于市场的参与者来说是揭开了价格运动的神秘面纱。江氏操盘的三周期看盘原则也正是传承于此。需要说明的是，"三"乃是虚数，其意义表示的是"多"，我们可以认为当年道先生所说的"三"与中国传统道家文化的"三生万物"不谋而合，又或者这才是他真正想要表达的意思。回顾之前的江氏操盘周期套理论，你应该能发现对于三重运动的精细把握正是将交易发挥到极致的不二法门。

时至今日，在面对行情的任何时候都不忘将行情进行拆解已经是专业级投资交易者所必备的基本素质。在拆解基本运动、次级运动和日常波动之后，对它们逐级分析、依次击破，进而锁定行情在趋势理论模型中的具体位置，而后回到市场的行情中来，我们就达到了"看山还是山，看水还是水"的玄妙境界。不过，如果不慎忘记在三重运动中的任何一个级别的趋势发生转折时都要及时分析出其方向的原则，投资者又会很容易在这个美妙的状态中跌下来。关于这种对于三周期看盘法运用不熟练的情况，江氏操盘对此也有俗称："破功了"，或者"根基不牢，地动山摇"。

一些趋势理论的初学者很容易犯下"次级运动就是与基本运动方向相反的短暂波动"的认识错误，正确的说法应当是"与基本运动方向相反的重要次级运动是一定要重视的"。要明白深藏不露的基本运动实质上是由巧言善变的次级运动所构成的这一原理。次级运动的时间多在 1～3 个月，但在实际行情中也不乏出现运动时间很长的情况。新的趋势总是由小到大逐步"生长"出来的，对于正在演变中的事物一定要灵活地理解而不能机械地应对。即使我们遇到了严重背离基本运动方向的次级运动也不要大惊小怪，因为在趋势的定义中并没有强求次级运动一定要止步在何处。次级运动对于基本运动的发展是一种调整，就像人在长期的工作中总是需要睡眠来保证精力一样，这是自然事物的发展规律。至于一些投机者会趁此机会进行调仓或追加资金杠杆，那就是他们各自的交易艺术和技术策略了。

根据先贤们的经验总结，与基本运动方向不同的次级运动在幅度上总是喜欢回撤到前一个同级别运动的 $\frac{1}{3}$、$\frac{1}{2}$ 或 $\frac{2}{3}$。当然这并不是绝对的，基于日常运动具有随机性原理，我们要理解包容一些并不大的行情误差，这一点在实战中也具有相当的价值。另外，上述的三个幅度也不全是次级运动回撤幅度的定式。

对于次级运动的性质和走势一定要谨慎的评估，既不可以轻率地认定它是基本运动的改变，也不能贸然地判断行情必将延续。基于三重运动的复杂性，市场的趋势从来不曾出现直来直往的情况。从另一个角度说，次级运动是对正在运行的基本运动进行局部的回撤和调整的市场行为，这个过程让多方的动能得以重新聚集，同时也化解掉一部分空方的动能，从而使得重要的基本运动行情能够走得更久、更远。

在运用三周期看盘法时，对于基本运动、次级运动和日常波动的划分可以从时间和空间两个方面去进行。

在江氏操盘对于趋势理论的理解中，基本运动的运行周期总是在 1 年以上。次级运动的运行时间在 13 天到 1 年之内，其中较大的次级运动的运行时间在 3 个月到 1 年，较小的次级运动在 13 天到 3 个月之内。如此更进一步细分的原因在于连续 3 个为期 3 个月的次级运动加起来仍然不到 1 年的时间，而这很有可能是某个较大的调整浪结构，而其中的向上次级运动也有可能具有值得参与的机会。日常波动则限定在 3 周，或者更准确地说是 13 天之内，因为市场消化一些突发信息、普罗大众用新信息遗忘掉旧信息的一个周期大约需要这样一段时间。

2. 三重运动理论具有巨大的拓展空间

兼容并蓄是趋势理论中非常难能可贵的精神之一。江氏操盘在理论整理工作中发现，几乎所有的符合科学原则的技术分析方法和客观的哲学思想都可以通过三重运动理论整合进入趋势理论模型之中。

比如说我们可以把中国古代经典哲学整合进入趋势理论的哲学思想之中。江氏操盘和其他的趋势理论传承者一样认可"时间级别的划分在实质上是模糊的"这一论断，因为实际经验表明，在投资操盘过程中机械地运用时间周期概念只有死路一条。时间周期的划分是人们认识市场的方法而非真相，它能让我们对于趋势演变的认知富有层次感，从而更加深刻地认识市场，进而有节奏地去应对市场的变化。因此三重运动理论实质上是有益的，道先生对于三重运动的论述颇有"吾不知其名，字之曰道"的道家风范，不同的是老子在《道德经》中论述的是人与自然世界之间的关系，道先生在趋势理论中所讲的是人与股票市场之间的关系。

　　比如说我们可以把乔尔·帝纳波利老先生的《黄金点位交易法》整合进入趋势理论模型之中。首先在空间的方面去看待市场的三周期运动就是在看行情中每个价格运动浪的幅度：其中基本运动一定是历时最久、幅度最大的，作为其组成部分的次级运动即使再夸张也一定不可能在价格运动的幅度上超越基本运动，而日常波动的持续时间和运动幅度在三者中一定是最小的。然后我们就可以据此进行价格目标点位的计算，比如说当我们限定参与计算的各个波段必须是次级运动的时候，COP、OP 和 XOP 的目标价位往往就只会得到最具有价值、最重要的那三个了。

　　但在空间方面拓展趋势理论模型时一定要注意，与时间划分法相比，要在空间上规定划分未来的基本运动、次级运动和日常波动的尺度完全是天方夜谭。随着行情的发展，不只是次级波动，某一小段时间中的日常波动的数值大于过去某一段基本运动的数值也并非天方夜谭。即便采用相对的幅度变化比值而非绝对指数点数的变化，要明确定义分别三重运动的标准也是强人所难。因为市场本身是一个有机的整体，时空上的界定本来就是模糊的。三重运动实质上揭示的是市场的"有序混沌性"，虽然在查尔斯·H. 道先生的那个年代，科学界中连混沌理论的萌芽都还没有产生。

　　基于混沌理论，江氏操盘认为对于三重运动的划分，把时空概念结合起来同时偏重于时间要素是比较妥当的一种方法。趋势就是三重运动的演进，三重运动的分析就是技术分析的核心；在市场中进行实践时能够结合时空分解三重运动并分析其趋势方向，由此鉴别行情在趋势理论模型中所处的位置就算是完成了趋势的验证了。

第四节　定性和定量

江氏操盘对于行情的分析讲究定性和定量。

所谓定性就是通过三重运动原理和相互验证原则鉴别市场整体行情在趋势理论中所处的位置，而定量则是分析价格在三重运动中的运动和波动幅度目标。

在实战操盘中，如果犯了定性的方向性错误，倒亏钱恐怕是在所难免的，亏大钱也是有可能发生的；如果犯了定量的幅度性错误，轻则利润缩水，重则看错随后的方向结果又是倒亏大钱。在市场中亏钱比赚钱容易太多了。

趋势理论对于行情的分析判断并不只有完善的理论，基于理论的可靠的分析工具也是趋势理论的重要组成部分。

为了方便投资者学习和更好地进行机会性交易，江氏操盘最初对于行情趋势的分析工具按照定性分析和定量分析进行了划分。但是投资者在将更多的知识整合在传统的理论工具中之后就发现，定性与定量就像三重运动一样是有机的整体，过于细腻的划分不仅没有必要，反而容易导致错误。由此，重要的技术分析工具基本上都能够在一定程度上胜任定性分析和定量分析的任务，在实践中把它们组合起来使用往往能收到出乎预料的好效果。

定性定量分析工具：

（1）水平线系列：支撑压力线、黄金分割线、百分比线等；

（2）趋势线系列：趋势线、通道线、均价线等。

在对行情完成定性分析后，定量分析就非常重要了。结合运用定性定量分析，能够让我们在把握行情方向的同时，对未来行情可能终结的位置"心里有谱"，从而制定更加严谨的交易计划也就变得可行了。同时，基于定性定量的分析结果，投资者对于分析行情结果的执行力也能有所上升，可以说是皆大欢喜。

价格的运动就像水一样变化无常。所谓"兵无定式，水无常态"，行情的模式、幅度、方向总是会在趋势演绎的过程中发生变化，所以对于行情的定性鉴别和定量预估一定要持续进行并不断修正。另外，对于分析的结果在一定程度上有所保留也是比较明智的选择。

聪明的投资者不会把自己逼到死路上，反而在制定交易的计划时一定会给自己留有余地。另外还有非常重要的一点是，投资者一定要有对于突发意外的应对能力，比如说在牛市突然来临追击行情的战法、在市场破位时断然止损的果决。

思考，是最好的沉淀方式！

1. 道氏确认日的成立条件都有哪些？

2. 牛熊市转势三部曲是否可能更加精简？

3. 你曾经所学的哪些知识可以轻松地整合进入趋势理论的体系中？

第二部分
顺势而投的交易系统

知识本身并不具有价值，唯有把知识转化成实践才具有价值。有人说，知道了太多的道理，但还是活不好这一生。交易者也经常感慨：懂得太多，但是依然做不好交易！究其原因，主要表现在：

第一，分不清主要矛盾和次要矛盾。A股是以做多为主的，盈利一定是在上升趋势中才会实现，可是你看自己持仓的股票有多少次都是在下降趋势中超跌，或者从上涨转为下跌后也不知道及时撤退。

第二，鬼谷子说人生的四重境界是闻道、知道、见道、得道。有的人把闻道当作了得道，每次上课都大彻大悟，但是下次上课的时候问他上次课程的收获是什么，自己却忘得一干二净了。得道的过程，是先要听到或者看到，接纳新的知识，然后自己把知识融会贯通，接着去实践，才会看到所学的东西是有用的，这是一个不断调整和完善的过程。最终把知道和做到融合在一体，可以游刃有余的时候，才是真正的得道。

第三，没有行之有效的工具。在认识市场的时候，需要学习和了解 K 线、量能、指标等很多知识点和分析工具，但是到了真正开始实战的时候，才发现它们更像是一颗颗散落的珍珠，你需要一条线把它们穿起来变成一条珍贵的项链。这条线就是顺势而投的交易模型。

在第二部分，会深度讲解顺势而投的三个最重要的工具：趋势线、水平线和通道线，当你真正地掌握了这部分的内容，你才会真正地找到"踏上趋势的快车后，盈利像呼吸一样简单"的感觉。

交易系统解决的是应对未来将要走出来的走势。

第五章

趋势线的精准绘制

　　没有规矩不成方圆。凡事必须要有原则，它不一定保证你事事顺心、一帆风顺，但是却可以保证你规避系统性风险。留在市场中的人都清楚，在交易上一次赚钱并不难，亏损也容易，在市场中最难的就是把账面的浮盈锁定下来，然后能够做到多次持续地盈利，尽量在犯错的时候减少受伤害。能够做到这三个方面，你就会成为市场的赢家。

　　要做到这些，看的不是一次两次的盈亏，而是谁能够形成自己的操作模式，然后不断地践行，不能因为一次成功或者失败而改变自己的模式。做到这个的前提，就是搭建好自己的模式基础，在正确的赛道上即使你的速度比较慢也会最终到达终点。在顺势而为的体系里面，实战的第一步就是先要画好趋势线。

第一节　趋势线的成因

　　菩萨畏因，众生畏果。要想使用趋势线首先得明确它的优势和缺点，这就要从它的成因说起。趋势线到底是趋势的因还是趋势的果？趋势是一种道层面的规律，它的呈现方式是没有确定性的，但是我们可以通过一些工具来识别它，趋势线就是首选的工具。

无论是趋势线还是均线，都是识别趋势的工具，这些都是人们主观加上的识别趋势的方法，我们是没有办法完全看清市场本身的存在模式和趋势的行进方式的，无论我们多么努力，只能尽量地接近市场的真相，永远也达不到百分之百地看清市场。

那为什么还要用趋势线呢？其实我们只需要部分地识别出市场的走势，它就会带给到我们丰厚的回报了。

1. 趋势线解决的问题

趋势线就是对趋势运行模式的描述。价格在形成趋势之后，往往会继续沿着惯性的方向顺势发展，因此我们常常观察到在按照波峰或波谷的位置画出一条连接它们的趋势线之后，行情总是更倾向于沿着趋势线的方向并在其一侧持续地发展，直到它发生了转势。

随着电脑的普及和应用，对价格走势的分析非常方便，如果你想对市场有充分的理解或建立盘感，笔者建议你要养成手绘走势线的习惯，它会神奇地拉近你和市场的距离。顺着趋势线所指示的方向持有头寸是在市场中稳定盈利的最简单的方法。但是许多不成体系的趋势线使用者对其本身知之甚少，在绘制和运用时难免错漏百出，最终与成功的交易失之交臂。

趋势线是鉴别趋势最为有效的工具，严格按照规则绘制的趋势线会在重要的变盘时刻给到我们有效的交易信号，以及定量的应对方案。但是请大家牢记，趋势线解决的是选股之后的事情，是我们针对一个未来有机会的标的在做交易计划时候的工具，它不能有效地解决选股的问题。所以你可以在任何一个标的的历史走势上练习绘制趋势线，但是不能通过给 4000 多只股票画完趋势线进行选股。有关选股的问题，在本书的最后一部分会和大家进行深度探讨。

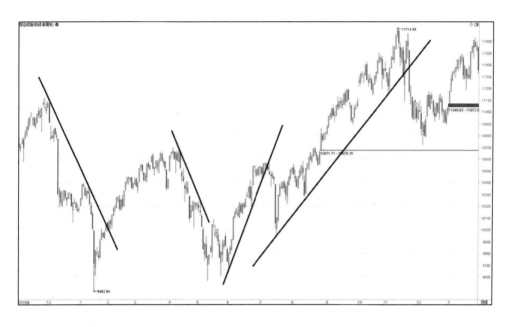

2. 趋势的定义

在使用趋势线时，要求大家把行情软件的坐标换成对数坐标，因为趋势线的绘制一定会持续一段时间，而且在空间上的跨度也比较大，普通坐标会在股价大幅涨跌后导致趋势的失真。

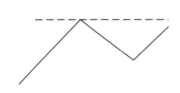

在突破前高之前不可绘制趋势线

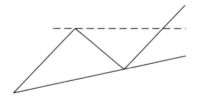

突破前高之后趋势成立，可以绘制趋势线

以趋势理论为基础，上升趋势的定义要求有一系列逐渐抬高的高点和逐渐抬高的低点，下降趋势的定义要求有一系列逐渐降低的低点和逐渐降低的高点。趋势线在技术上严格根据趋势的定义而存在，因而可以为我们的交易提供可靠的支持。如果某条斜线连趋势的基本要求"两低点一新高"或"两高点一新低"都不满足，那么即使将其绘制出来，在技术上也不能将其按照趋势线来对待，应当识别为其他某种类型的切线，运用方法也与趋势线有所不同。

我们从上图古越龙山周线的走势中，来看看上升趋势线是如何形成的。首先股价从 58 元的最低点开始向上，但是在形成两低点一新高之前是没有办法画上升趋势线的，直到股价向上突破了水平线 H1，此时确定第一根上升趋势线 L1。但是此时因为在周线上并没有形成形态，所以该趋势线只是小级别趋势的趋势线。

之后随着股价不断向上运行，股价距离 L1 越来越远，L1 能够起到的对股价的有效支撑作用也越来越小，为此我们要在后面的波动中找新的能够对上升趋势中的股价进行有效支撑识别的趋势线。股价经过了连续上涨后回落，并没有跌破 H1 对应的高点，说明趋势还在持续运行，当股价再次向上突破了 H2 对应的前高点时，说明趋势进入了加速状态，此时由次低点和趋势中的低点就会构成加速趋势线，就是图中的 L2。

股价在突破 L2 之后已经进入了小级别行情的加速阶段，也就是最后上涨的 5 浪。其实上图中形成趋势线 L2 的第二个低点和形成 H3 之间的三根阳线在小周期上还有一根趋势线，股价跌破了这三根阳线的上升趋势线后进入漫长的调整状态。在第一次回踩到 L2 时 L2 起到了明显的支撑作用，但是随着调整时间的延长，L2 还是被突破。股价最终止跌于 L1。虽然从图上看，股价对 L1 形成了假突破，但是并不影响 L1 的支撑作用，正是这个假突破更让 L1 的支撑作用更强。

在股价没有突破 H3 之前，L1 依然只是前面小级别的上升趋势线，只是暂时起到了支撑作用，直到股价突破了 H3，L1 趋势线的级别开始变大。之前 L1 的级别对应的底部是 16 根 K 线，此时对应的底部是 74 根 K 线，而后面 74 根 K 线底部的确认必须等到股价突破 H3 之后。所以在对股价进行趋势性分析时，是需要一层一层去确认的，有人把这种模式理解为技术分析的滞后性，笔者完全不这么认为。无论是谁都不可能在走势走出来之前做到完全预测，都是"走一步看一步"的，都是在一次预测准确之后再进行进一步的预测。

股价突破 H3 之后，趋势的级别也变大了。虽然股价的回调跌破了前期 H3 的高点，但是并没有跌破 L1 上升趋势线，所以上升趋势并没有终止。股价再次上涨，开始逐渐远离 L1 趋势线，我们需要跟进一条更有效的趋势线来寻找趋势对股价的支撑作用。当股价上涨突破水平线 H4 之后，趋势再次进入加速阶段，新趋势中的次高点形成了，此时确认趋势线 L3。

以上的分析过程中，已经融入了趋势分析的多种因素，属于综合性的分析。如果你理解上有点难度也属于正常，当你学习完本书的全部内容之后再回头看这个案例，你会有豁然开朗的感觉。

第二节　趋势线的级别

第一部分讲述了基本运动、次级运动和日常波动，这是对趋势级别最直接的划分，也是顺势而投交易模式中最难的一部分。从江氏操盘的实践分析经验总结，对于趋势线级别的划分可以优先考虑时间因素，其次考虑空间因素。比如在次级上升运动的时间范畴跨度上选择联袂走高的低点来绘制趋势线，那么我们得到的往往会是一条次级上升趋势线；如果在日常下降波段的时间范畴跨度上选择联袂走低的高点来绘制趋势线，那么我们得到的往往会是一条日常下跌趋势线。之所以在这里的措辞比较保守，是因为如果在行情中存在某段短期的价格变动剧烈到难以将其视为日常波动的程度，可能将其识别为次级运动会更加合适。

1. 级别的重要性

如图所示，线 AB 是日常上升趋势线，线 CD 是次级下跌趋势线，线 EF 是次级上升趋势线，线 GH 是次级水平线，线 IJ 是次级上升趋势线。趋势线总是把那一段行情压制在左侧，水平线则没有这个特征。

经验表明，对于趋势线的绘制和观察，更多的是从次级趋势线入手会比较合适。因为在通常的市场状况下，用次级趋势线对一段为期 6 个月左右的行情进行追踪往往只需要 5 到 8 根就足以胜任，但如果采用日常波动趋势线去追踪的话，则可能需要绘制数十上百条趋势线。这其中的原因在于，日常波动相对的总是不太稳定，变化得较为迅速是其常态，而次级运动尽管具有一定的欺骗性，但其本身还是具有可以被明确地追踪到的规律性和稳定性。

一般情况下，我们并不建议刻意去绘制研究基本运动的趋势线。一方面是因为它需要在图标上经历相当长时间才能确认，另一方面是由于基本运动的趋势线往往速度很慢，并不太具有指导交易的功能。

需要说明的是，江氏操盘对于较长时间的图表进行趋势线绘制时往往优先采用对数坐标系。因为市场价格运动的模式更多的是幅度的百分比变动而非绝对值，如此才能更好地追踪到加速行情。趋势线是识别和分析趋势的工具而不是趋势本身，修正趋势线的绘制方式也是为了更好地追随趋势。

2. **大级别制约小级别**

江氏操盘对于这部分突破的艺术做出了堪称经典的总结：趋势中基本运动制约次级运动，次级运动制约日常波动；转折处日常波动引领次级运动，次级运动引领基本运动。

第三节 趋势线的绘制

直至今日，趋势线依然是最方便也最具有价值的技术分析工具之一，它能够直接地为我们表述市场趋势的方向、级别和角度。也因此趋势线的绘制就像水平线一样，是投资交易者在技术方面非常重要的基本功。

1. 基准点的选择

绘制趋势线时，首先要确定的是基准点的选取。我们判断趋势的方向是基于波峰和波谷的演绎，但是波峰和波谷的极值点在"汇集了一整天价格博弈成果的收盘价"与"代表着价格运动轨迹边界的最高最低价"这两种取值方式之中很容易出现许多微妙的不同。

根据江氏操盘的理论推演和经验总结，为了确实地把价格的运动统统甩到趋势线的左侧去，一般最高最低价法比收盘价法在绘制趋势线方面更具有可靠性。但在较为长期趋势的分析中采用收盘价作为基准也未尝不可。趋势线的重点在于对趋势进行描述以便于更进一步的分析，进而趋势线才对于交易形成指导。

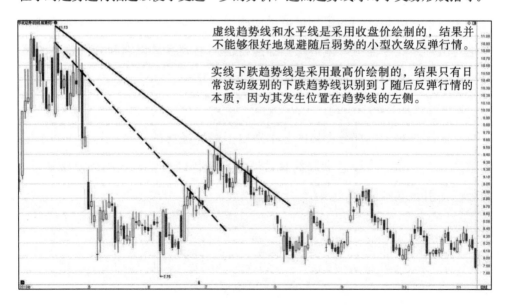

虚线趋势线和水平线是采用收盘价绘制的，结果并不能够很好地规避随后弱势的小型次级反弹行情。

实线下跌趋势线是采用最高价绘制的，结果只有日常波动级别的下跌趋势线识别到了随后反弹行情的本质，因为其发生位置在趋势线的左侧。

　　对于趋势线的取值问题进行讨论，是出于让趋势线更具有参考价值的目的。一般说来，趋势线接触的点越多越可靠、越具有价值，因为这说明行情有许多次都在它的位置确实地继续向着既有的趋势方向前进。强而有效的趋势线一定是因为有着两个精准的定位点作为基础，而两个时间点的选取一定是顺着时间轴的方向，这是趋势惯性和延续性最直接的表现。很多时候对于当前行情颇有影响力的趋势线可能在很久以前就被市场定位了，这也是趋势理论颇为神奇的地方之一。

　　对于基准点的采用绝不可以轻率地选择一个波峰或波谷就开始绘图作业。我们绘制的趋势线必须是高度有效的，因为只有这样才能从趋势线上获取可靠的有关下一步交易的位置和方向的分析结论。

　　2. 系统绘制趋势线

　　本书通过一个上升趋势和一个下降趋势的案例，给大家充分讲解绘制有效趋势线的完整过程：

　　第一步：明确画线周期。分析股票的时候，大家习惯性地在日K线上绘制趋势线，如果遇到更大级别趋势的时候可以转到周K线上，如果想操作更小周期的机会时就会转到60分钟K线甚至更小的周期上。对于大盘指数的分析从大周期到小周期都要进行分析，尤其小周期的变动对于识别市场的节奏意义很大。如果你操作的是期货，那么首选的画线周期也会偏小，比如2小时K线或者是15分钟K线走势图。

　　第二步：找出当下周期最大的趋势，画出基本运动趋势线。任何一个走势图，当现实的K线根数足够多的时候，一定会看出大的趋势是向上还是向下的，这是非常简单的一个分析过程，通常会被大家忽略，但它却是直接决定一次操作成功与失败的重要一步。

　　第三步：在基本运动趋势的基础上，逐渐画出次级运动。这个过程一定是在第二步已经非常明确和清晰的基础上才有意义，否则你会被行情的涨跌绕晕。当第二步确定了基本运动的方向后，此时你就会知道每一次涨跌是推

动趋势的还是阻碍趋势的，那么它们带来的是机会还是风险就非常清楚了。

第四步：在小一个周期上画出日常运动趋势线。是否要进行这一步操作，取决于你想操作的周期，如果你想让自己的买卖和市场的波动能够更好地切合，就需要把趋势的级别划分得尽量小一点。理论上，如果我们能够识别出价格每次跳动对趋势是引领还是阻碍，才算是对趋势的完全识别，可是这样的工作量太大而且实战的意义较小，通常情况下建议大家个股的日常运动可以看到 30 分钟 K 线，大盘的日常运动可以看到 5 分钟 K 线。

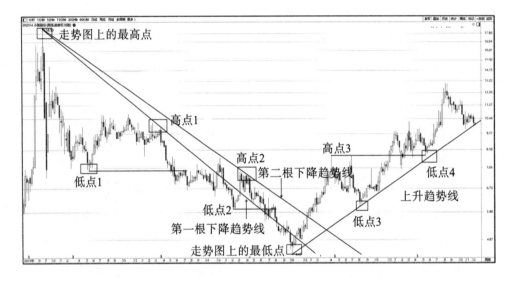

上面是永新股份的周线走势图，无论是前面的下降趋势还是后面的上升趋势，在日 K 线上持续的根数比较多，为了便于分析把周期锁定在了周 K 线上。看到的第一眼就可以判断出，这是一个从下降趋势转为上升趋势的过程，而且现在依然是健康的持续的上升趋势，一旦上升趋势线的支撑被确认就会形成一个多头的开仓信号。

当股价跌破了图中的低点 1 后，可以从走势图上的最高点出发连接高点 1 画出第一根下降趋势线。在此之前有更小级别的趋势线，为了不让大家混淆先不做深度分析。请注意，在股价没有向下跌破低点 1 之前，是不能画下降趋势线的，或者画出的线不能识别趋势，因为低点在没有创新低之前还不能构成下降趋势。

之后股价持续下跌，而且在反抽的走势中对下降趋势线构成了突破，可是突破之后并没有形成趋势的扭转，在形成了高点 2 之后股价再次创新低。当股价跌破低点 2 之后需要对原来的下降趋势线进行修正，以确保下降趋势线的左侧能够把所有不断创新低的低点都包含进去，知道趋势的反转。当第二根下降趋势线画出来之后，第一根下降趋势线的意义就会减小，可以选择将其删除，或者等待趋势反转后进行删除，因为在一个基本运动中有一根趋势线就足够了。

在形成了走势图上的最低点之后，股价开始反弹，而且非常强势地突破了第二根下降趋势线，此时我们可以大概率地确认趋势开始反转，但还需要等待趋势的确认。当股价上涨突破高点 3 之后，连接走势图上的最低点和低点 3 就会形成上升趋势线，这是对新的上升趋势的识别和预期。直到此时才能够真正确认前面下降趋势的基本运动已经完成。图中的低点 4 是对上升趋势线和高点 3 支撑的有效确认，是上升趋势的延续，但是该上升趋势线还不能确认是上升趋势的基本运动趋势线。

接下来我们针对上图周 K 线中的最后一段上升走势在日 K 线上的走势进行深度分析，进而让大家看到不同级别趋势线的差异。上图周 K 线中的低点 4 对应的是下图日 K 线中的调整波段次低点。对该上升波段的分析，是从图中调整波段最低点开始的，这里给大家强调一个标准，无论什么级别趋势的划分，起点一定是阶段性的最高点或者最低点。下图中的前波段最高点之后才是真正调整的开始，调整波段次低点没有创新低，说明股价下跌的动能开始减弱，开始关注后期是否会转势。

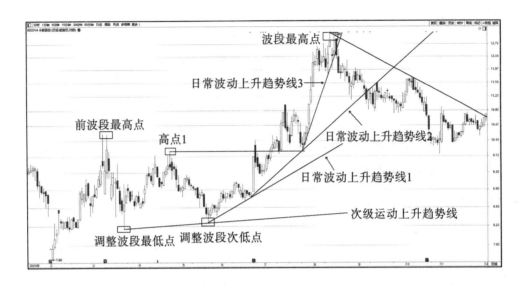

对于确定次级运动上升趋势是从股价突破了高点 1 开始的，此时连接调整波段最低点和调整波段次低点会形成次级运动的上升趋势线。而股价在此时的上涨过程中，会构成日常波动的上升趋势，随着股价的不断创新高，我们把其中的三次日常波动的上升趋势线画了出来。股价在一次跌破日常波动的上升趋势线 2 和日常波动的上升趋势线 3 之后，就确认了该次级运动的上升趋势结束，不用等到股价跌破次级运动上升趋势线，这是从时间的角度来划分的，在后文中会讲述如何用时间来划分趋势的级别。

现在的走势是在一个上升趋势的基本运动里面的次级下降趋势中，股价刚好反抽到该下降趋势线附近，是否能够终结前下降趋势开始新的次级别上升趋势需要后面的走势来验证。

除了时间会对趋势的级别产生影响外，趋势的角度也是大家要关注的维度，比如在上图中日常波动的上升趋势线 3 识别的上涨趋势中，股价以连续的强势阳线完成，直接导致了趋势的角度非常陡峭，这种走势通常在时间上的持续性比较差，所有会把它视为更小级别的走势。

所有的能力都可以通过刻意训练来达成

其实没有什么天才，我们看到的某些人具有的特殊能力都是经过了长时间的刻意训练后实现的，这是形成一种能力必须要经过的过程。交易也是如此，你要先在历史走势中练习画出不同级别的趋势线，才能够找到有效的趋势线，从而在接下来的实战中给你有效的参考信号。

第四节　趋势线的突破

趋势是有级别的，所以趋势线也是有级别的。除非趋势被改变，否则趋势将延续，每次趋势的改变都是从趋势线的突破开始的。有些人在用趋势线的时候，最大的烦恼就是假突破，因为假突破给了他们太多的假信号，他们对趋势理论的不认同也缘于此。如果你没有办法获得完全信息，通过趋势的识别找到的交易信号，一定是在概率的基础上的，我们只有不断探索新的维度，才能提升操作的成功率，尽量避免假信号。

1. 突破不代表趋势结束

对趋势的开始和结束的分析才是顺势而投的核心，价格对趋势线的突破只是趋势结束的必要条件，并不是它的充分条件，也就是说趋势的结束一定会伴随趋势线的突破，但是不是所有趋势线的突破都代表趋势的结束。这里有两层含义：一层是对趋势线的假突破；另一层是趋势的级别会变大。

绘制趋势线并不是顺势交易中最难的部分，对于突破的识别反而是判断交易信号是否有效的关键。在上文的分析中，我们可以发现趋势线对于转折点的识别是滞后的，但是这并不代表交易信号的滞后性，我们选取的是成功率高的交易信号，顺势而为需要走势自身来证明趋势的形成。所以我们看到的"滞后"，是市场自己在告诉我们它想如何运动。根据市场自身走势得出来的结论，才是真正的尊重事实，才可以做到实事求是。

2. 真假突破的识别

趋势线一旦真正被突破，原级别的趋势就面临终极，但是并不能确认新趋势的形成。在分析过程中，它是需要一步一步推进的。交易的一个很大难题就是，看到的信号仿佛是真的，但又不是真的，只是市场给我们的一个假象而已，市场中总会时不时地冒出几个假突破让人纠结，于是在还没有明确趋势线是否真的被突破之前，依据价格翻越到趋势线另一侧的市场行为去判断趋势的反转问题就存在一定的不确定性。可以说，突破对于行情的演变具有极大的意义，对于趋势线突破的把握在很大程度上直接关系到交易的成败。

基于前人的总结和江氏操盘的实践，我们拥有了四种可用于判别验证趋势线是否真突破的方法。对于这些研判的方法，一定要灵活运用，如果只是教条地运用，会给你的交易带来新的问题。本书会通过实战案例的分析，来帮助投资者如何将这些方法综合地运用在自己的交易计划中。

（1）三三原则验证法

在一根 K 线的高开低收四个价位中，收盘价是最为重要的，判断是否突破一定是以收盘价为准。但行情一旦发生了突破的走势，通过一根 K 线是很难验证突破的有效性的，所以我们通过时间和空间两个维度来增加突破的确定性。三三原则的第一个"三"指的是在时间维度上的连续 3 根 K 线，第二个"三"指的是空间维度上 3％的涨跌幅度。

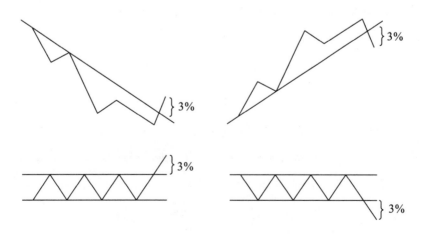

对于行情的判断，很难做到百分之百的确定性，多重维度的考量就是要尽量提升判断的准确度。如果行情对重要趋势线或者重要支撑和压力位进行突破时，满足了连续 3 根 K 线的收盘价都到了 K 线的另一侧，而且到另一侧的幅度超过了 3％，就视为真正的突破。在实盘时，这两个"三"并不是指确确实实的数字，有的时候需要根据具体的行情走势灵活地调整对"三"这个量化标准的依赖性。例如江氏操盘对于强势拐点有句操作的口诀是"涨停识拐点，换手出真龙"，对于这种状况，一根涨停大阳线就已经能够确认对于趋势线系统的真实突破。尤其是 3％的幅度，这个标准是适合日 K 线的，但是在分析更小周期走势的时候 3％明显太大了，而在分析更大周期走势的时候 3％又明显太小了。

3 根 K 线一波行情都结束了，对研判的意义有多大？

在强势行情里面，连续 3 根大阳线之后，确实一个小级别的主升段已经结束了。在运用三三法则的时候，一定要对趋势的走势了然于心，否则你很有可能陷在买在最高点、卖在最低点的假突破上。避免出现这种重大失误的关键在于要细心识别突破前的形态，以及其中主力资金的行为，毕竟是否突破只是形上的一种表象，资金的意图才是价格涨跌的动因。

趋势的运行时时刻刻都面临着对真假突破的识别，包括后文将要讲述的水平线以及对趋势有着非常重要识别作用的趋势线都是如此。本章讲述的判断真假突破的方式适合任何情况下对重要支撑和压力的判断，因为这个问题在筹码转换的角度上，解决的是供给和需求的问题，是股价涨跌本质上的问题。先看下图的上升趋势，无论前面的上升趋势是如何运行的，总会找出一根最能反映当下行情的趋势线。股价是通过一根跌停大阴线的方式对上升趋势线进行向下突破。此时，基本不需要等到后面的走势出现，就可以判断阶段性的顶部已经出现，股价再次创新高的概率降低，此时所有的上涨都是离场的机会。

股价经过了前面一段时间的上涨，光从截图上就可以判断出股价快速上涨了1倍，当股价在最高点10.77元附近时，场内几乎全部都是获利盘，而获利盘又是市场中最不稳定的筹码。此时只有强大的看多的场外资金愿意不断地接手不稳定的获利筹码，股价才不会轻易下跌，而给这些愿意接手的场外资金进场的动力则是股价还会不断地创新高，还有足够大的上涨空间，让他们获利后能够顺利出局。也就是说，当股价在短时间内快速上涨后，维持股价不下跌的动因就是对股价后期继续看好的预期，一旦这种预期的动力降低，那么股价的反转可能瞬间发生。图中的大阴线，就是对这种预期的幻灭，场外资金不想再进场接盘，场内的获利盘急着兑现，股价从一致性看涨转成一致性看空。所以此时的大阴线出现时，不需要三三法则，就可以断定股价对上升趋势线形成了真突破，上升趋势结束。

再来看看股价走出第一个低点后的反弹。此时股价已经确认下降趋势，也形成了下降趋势线，股价在反弹的过程中对下降趋势线形成了突破。从图中的走势不难看出，突破的阳线已经满足对下降趋势线向上突破后上涨3％的要求，而且之后连续三根K线（算上突破K线已经有4根K线）在下降趋势线的右侧，所以应当视为对下降趋势线的突破，股价开始构筑阶段性底部。对下降趋势线突破后，不是说股价就不会下跌，而是股价再次创新低的概率变小了，此时不再适合过度地看空。之后股价沿着下降趋势线连续下跌了13根K线，股价在该下降趋势线上下来回摆动，这更加充分说明这个位置多空力量的分歧。

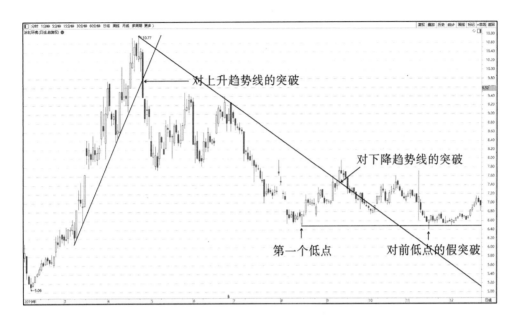

随着股价在这个位置进行横盘，当股价运行到第一个低点对应的价位时非常重要，因为是否形成对前低点的突破会决定原来下降趋势是否会继续。从图中可以清晰地看到，有一根K线的下影线跌破了第一个低点的价位，但是收盘的时候还是拉升了回去，且收成了一根光头阳线。这充分说明了在该位置场外资金愿意抄底买入的意愿，所以股价暂时下跌的概率并不大，但是也请注意这并不意味着股价一定会上涨。

为什么会有假突破？

我们的判断可以千错万错，但是市场的走势是不会有错的。我们所说的假突破是相对我们对市场的认知而言的，如果市场在我们识别的预期之内运行就是"真"，在此之外就为"假"，所以所谓的假突破是有一定的主观看法在里面。我们分析市场，是为了尽最大努力可以全面地读懂市场，而不是纠结于表面上的价格在趋势线之上还是之下，毕竟很多时候是那些具有引导作用的资金刻意地让股价走出"假突破"，进而达到骗取散户手上的筹码或者资金的目的。所以识别假突破，还是要回到股价趋势是否还能够维持上，而

不是股价在趋势线的上方还是下方。

（2）成交量验证法

让笔者比较欣慰的是，江氏操盘的一些铁粉们在经过持续地学习后终于明白了资金对于股价涨跌的作用，明确了成交量并不是指图形上那个和价格同步的柱体，而是指推动价格涨跌的资金。每个市场、每个标的都有青睐它们的资金，股价的变化就是这些资金要实现自己逐利的目的。所以在判断股价是否真的形成了顶底时，资金的作用更是不可小觑。

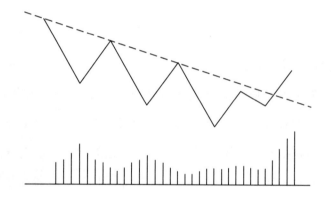

"后量超前量，前途就无量"，这是江氏操盘对于行情由多转空的口诀，即是说行情在压力线下方蓄势并向上突破的阶段，成交量一定要配合着放大。如果多方力量不能很好地消化在此处堆积的空方力量，向上的突破就有可能被空方的反扑压制而失败。但是对于转折为下跌的行情来说，不论多方怎么想，只要空方取得了胜利就能下跌，所以是不需要放量的。反而在下跌确认开始的时候，恐慌盘会趁着有人想要抄底的时机夺路而逃，放出较大的成交量。

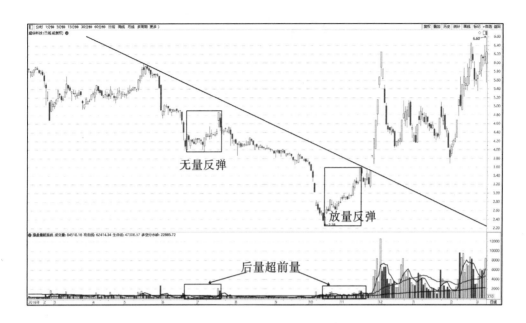

上图的走势中，下降趋势是从更早的时间开始的，截图没有办法把最早的高点显示出来，但是能够看到次高点。在图中有两次遇到低点的止跌反弹，在第一次的反弹中可以看出是属于典型的无量反弹，这种反弹很难突破下降趋势线，如果遇到突破则假突破的概率更大。与此不同的是，在第二次止跌反弹中，股价走出了典型的放量状态，说明此时场外资金看多、做多的意愿更强烈，反弹的力度更大，那么突破下降趋势线的概率更大。上文讲过，一旦对下降趋势线形成突破，股价见底的概率则大，言外之意股价再次创新低的概率则小。至于股价会不会直接出现暴力上涨，就需要从其他维度进行探讨，在本书的最后几章会和大家做深度的分析。

根据江氏操盘的实践经验总结，在重要指数层面上，聪明资金的行动总是更加的积极和智慧，因此有时候量能的表现并不是特别的"标准"，因为他们早已提前行动。从博弈的角度去分析量能能够帮助投资者更好地把握大势。但在个股上，主力资金的动向往往很难隐藏，因此量能分析技艺在个股分析的层面总是更有效果。

到底是资金重要还是价格重要？

资金是因，价格是果，那么关注资金的变化似乎才更能够判断股价的涨跌、趋势的形成，为什么江氏操盘这么强调趋势的重要性？会不会舍本求末？价格的变化会以结果的方式直接体现在走势图上，简单、至关，资金的细微变化是我们没有办法察觉到的，我们通过行情数据只能看到整体交易量的放大和缩小，但是对于资金的意图是没有办法看出来的。能够解读清楚资金的意图固然重要，而且能够直击核心，但是这一定是上升到博弈层面上的，这里面存在两个问题：一是我们很难看懂所有的博弈；二是在看错的博弈中你会损失惨重。笔者也希望大家都能站在博弈的层面看懂市场的变化，如果你觉得这个有难度，那么就退而求其次，以价格的变化为重要依据进行趋势交易，虽然获取回报的时间慢一点，但是可以保证你生存的时间更长。

（3）盘口行为验证法

江氏操盘在实践中发现了这样一个现象：在关键趋势线被挑战的当日，真突破与假突破的盘口行为总是大相迥异的。真突破的K线内部结构中总是多方迅猛地向上攻击，尽管空方会在压力位置附近努力抵抗，但是强弩之末的挣扎总是会被新的趋势迅速地消化掉。

针对上文超华科技的走势，对几次重要位置的涨停板形态给大家做深度的分析。下图是上图中无量反弹的最后一根光头大阳涨停板的分时走势图。这是一个典型的开盘强势上攻涨停后，在盘中反复打开的"烂板"，具有非常明显的诱惑性，其实质就是一个反弹出货的涨停板。但是由于股价在收盘的时候依然维持了大阳线的强势，如果你不懂位置和盘口就会被它所迷惑，误以为是股价反转的开始。

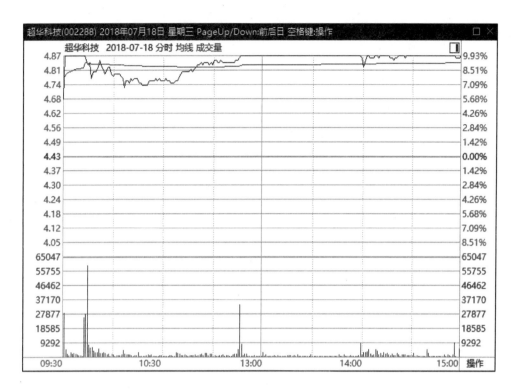

　　在放量反弹阶段，股价在遇到下降趋势线时先出现了一个涨停板，然后回调了 4 个交易日，再次出现上攻的涨停板。通常情况下，股价第一次遇到重要的压力位回调的概率是非常大的，这是由市场参与者的心理因素决定的，而价格的引领者也惯于利用这种心理，该洗盘的时候洗盘、该出货的时候出货。如果单从下面的分时走势图上不难看出，虽然这是一个尾盘的涨停板，但是盘中的量价非常健康，资金推动股价和持续做多的意图比较明确。此后，股价直接上涨是正常的，次日低开后直接上涨是正常的，出现回调几个交易日再上涨也是正常的，结论只有一个就是该股价已经到了"箭在弦上不得不发"的位置了。

回调 4 天之后，股价开始发起了上攻（见下图），在早盘小幅低开后于9：45～9：50 之间强势拉升到涨停，这是最为强势的一种进攻方式，代表了做盘资金背后有非常强大的资金实力。虽然此时股价还在下降趋势线的下方，但是下降趋势线的压力已经不重要，股价次日依然可能会调整，但是一定会在最短的时间内继续上攻，因为下降趋势线只是我们划分和识别趋势的一种主观的方法，股价内部涨跌的变化才是市场的本质。对于分时盘口的分析不是本书的重点，可以参考"江氏操盘实战金典"系列之《庄散博弈》。

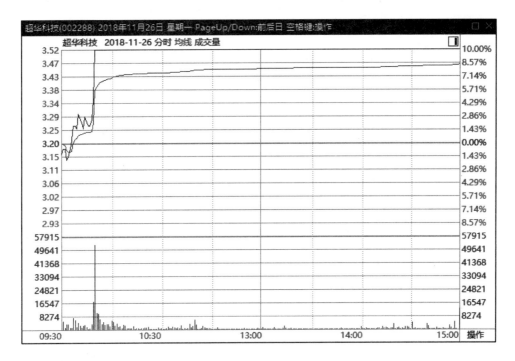

在一个多空争夺比较激烈的位置，一旦勇于买入、奋力追入的多方资金表现出扭转趋势的做多意愿，在此处离场的空方则很快就会意识到趋势已经转变，又会迅速地转变成市场中的多方，于是强大的合力就这样开始持续地推动行情了。

（4）共振突破法

在复盘时，如果我们在过去真正的突破位同时绘制次级运动趋势线和日常波动趋势线，总能发现突破是基本同时在这两个级别中发生的。江氏操盘的实践经验表明，在次级运动突破时，日常波动的同向突破与次级运动的突破点在时空中越接近，则突破成功的概率越大，随后的行情表现越好。

在下图的走势中，贵州燃气走出了一段非常强势的向上的基本运动，在经历第三次次级运动的下降趋势后股价上涨乏力，在图中表现为"围绕基本运动趋势线展开的反弹行情"。此时股价围绕基本运动的上升趋势线上下波动，虽然也有向上突破该次级运动下降趋势线的动作，但是股价的上攻动能已经减弱，而且股价的重心已经开始下移。此时无论你有多么看好它未来的走势，但是股价只是进入了次级运动的坐底期间，同时也是基本运动的做顶区间。所以此时一旦股价向下跌破了日常波动反弹行情的上升趋势线，行情将面临更大级别的确定性向下反转，因为这是一个大周期和小周期共振向下破位的位置。

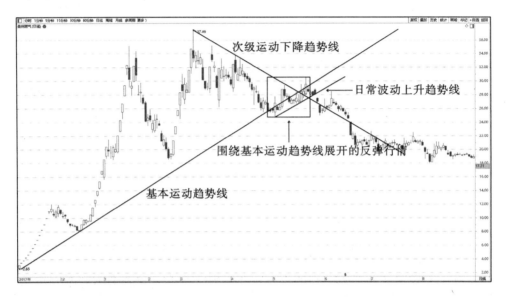

上文中超华科技的案例是对基本运动下降趋势线和日常波动下降趋势线同时突破的最好例子。共振突破的本质不在于两根线的重合，而是大趋势即将面临扭转的时候，下降趋势给到充分的引领大趋势走强的力量，也就是"在趋势扭转的位置，一定是小周期引领大周期"。

结合之前的内容，总结以上关于趋势线的突破技术，相信趋势理论的学习者都不难意识到行情对于重要趋势线的突破在超过 97.5% 的时候都会构成非常重要的市场信号。例如行情对于较大的次级上升趋势线的跌破，如果投资者没有意识到次级运动将在此开始发生相反的下跌行情，或者选择不听从趋势线的指示，反而在破位之后继续等待行情的进一步发展，那么轻则马上面临较大的利润回吐，重则危及本金或亏损。

如何对待假突破？

实战时，不可避免地会遇到很多假突破的走势。如果在行情自己没有办法自证之前，你就应该按照真突破来对待，如果是假突破也需要等行情自己走出来后再按照原趋势的模式采取应对策略。其实很多强势的行情都会伴随着假突破，这是资金实力的一种象征，如果你没有能力去识别就不要去"赌"，在市场中存活下来才是最重要的，你可以错过多次的好机会，但是不能遇上一次大风险。在金融市场里，你无数次被困于"风险和收益是对等的"的这句话，现实是"你对的时候没有风险但是回报无穷，你做错的时候没有回报却全部是风险"。

3. 趋势级别的变大

在股价走出来之前，如何能判断它会涨50％、100％或者是200％？单纯地判断空间是不难的，但要是给这个预期空间加上个时间就比登天还难了，如果谁敢和你说"某个标的在未来1个月会翻一倍"，你就要小心这样的人了，因为他要么是骗子，要么是市场的引领者。但是如果和你说"某个标的在未来5年会翻一倍"，你倒是可以听听。大趋势的运行都是由一个一个小级别的趋势构成，一个长达几个月或者几年的走势，不是一蹴而就的，一定是通过趋势级别的不断加大来实现的。

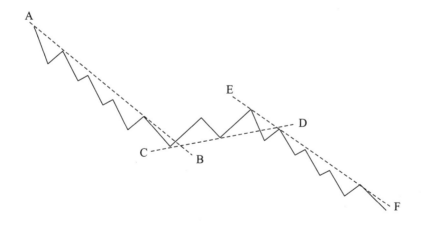

趋势是有惯性的，除非有某种力量改变原来的趋势方向。所以我们要明白而且要坚信：突破之后的行情依然沿着原来趋势的方向运行其实是很自然的状态。交易中最大的障碍，不是技术而是人性的弱点，最典型的就是人们更愿意相信涨多了会跌、跌多了会涨，在人性弱点的牵绊下变成了逆势交易。只要你能够单纯地克服了这一点，你的交易水平就会大幅提高。一段次级运动趋势线的反向突破只能说明这一段次级运动已经告一段落，但它本身对于基本运动的改变应该是无力的。基本运动的改变需要次级运动完成转势三部曲，只有在关键位置的次级运动趋势线被反向突破，基本运动的改变才值得期待。在上面的示意图中对于次级下跌运动趋势线 AB 的突破，其实只是一个疲软的反弹行情。角度缓慢的次级运动或者基本上升趋势线 CD 模式有些接近于水平线，它的跌破几乎直接宣告了新的下跌行情的产生，此时之前完整的下跌结构已然发生了拓展。

下图拓维信息的走势中，股价先是经过了一段暴跌阶段，也就是第一根次级下降趋势线识别的走势，之后股价开始止跌横盘，直到图中的向下突破点出现后，下降趋势的级别才开始变大。在此之前，如果单纯地从趋势的构成角度看，是不能确认趋势级别变大的，即使股价再弱，也可以通过此期间并没有场外资金进场的信息预测出未来股价大概率创新低，但是请牢记预测并不等于显示。所以趋势级别变大的超额收益，是已经形成的历史走势给你画的一个非常大的饼，当你吃的时候不可能一口吞掉，只能一口一口地吃掉。

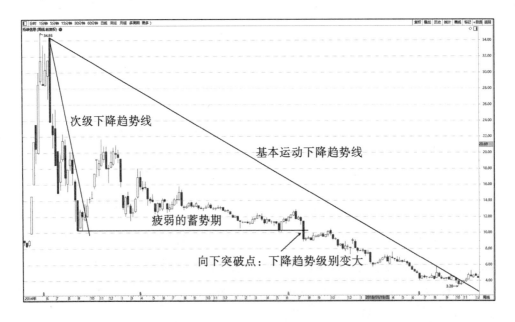

　　由于 A 股更偏向于做多，所有通过贵州茅台的案例给大家再来讲解一下。有人说贵州茅台是 A 股最成功的价值投资，对此见仁见智。所谓的价值投资只是更强的资金用合法的、高开的方法一起来推高股价而已。对于股价上涨动因我们放在第十章再深度讨论，这里只是针对趋势的演变进行分析。

　　下图是贵州茅台在周线上的走势，对于 A 股牛股之争，贵州茅台说第二无人敢说第一了。但是它的强势不是一天完成的，而是在数年的时间里，通过一个一个波段，更确切地说就是一个一个次级运动来实现的。在图中的两次回调中，第一次回调的幅度是 50％，第二次回调的幅度是 30％，除非你真的坚定持有，否则你一定会在这么大的反向运动中下车，而能够让你继续参与下一次进攻行情的一定是基本面再次出现重量级的利好或者是趋势的再次修复。还有另一个干扰你的是，市场中还有好多比它涨得更好的标的在向你招手，一周的调整可能不足以让你移情别恋，但是连续几个月的横盘和回撤一定会让你另寻新欢。

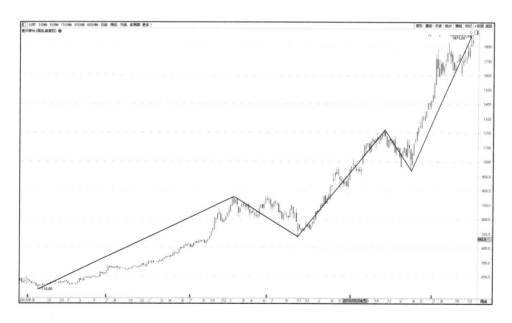

　　无论你对市场认知的深度如何，你只能赚到你认知范围以内的钱。无论是机构资金抱团的标的，还是做盘资金热炒的标的，我们可以有充足的分

析、全面的准备，但是当市场和自己预期的方向相悖的时候，你还能毫不犹豫地坚持自己的判断，这需要一种魄力、一种眼界。可能在历史的走势中，你因为长期持仓某个标的获得了颇为丰厚的收益，但是其中到底是因为你真真切切地看懂了市场，还是运气，请认真思考下。

趋势级别的变大，每天都会发生，但是这能够给到你多少机会还取决于你是否真正地看懂了市场。时间不可以倒流，看着已经发生的但是没有参与的走势捶胸顿足，是最可悲的马后炮，因为在你错过的众多标的里面，级别放大大涨的是少数、趋势早已反转甚至退市的是大多数。

谁会成为交易的王者？

笔者一度思索人活着的意义。既然人终有一死，那为什么活着，为什么这么折腾地活着？其实生命本身的意义就是在于活着，在于能够感知到每个活着的当下。无悔于过去，不惧于将来。无论你是在吃饭、思考、演讲、谈判……尽你所能地做好这件事情就是最好地活着。交易最好的状态也是如此：不拘泥过去的经验，不纠结曾经的盈亏，在自己的认知范围内，做好自己完全看得懂的行情。不去赌、不去猜，每次的买和卖都不是在恐惧和贪婪的驱动下进行的，而是你认知的最真实的呈现，你就是交易的王者！

第五节　趋势线的角度

趋势运行的角度是分析趋势发展和转折的重要因素之一。趋势的运行是在多方战胜空方之后的由多方引领的一种平衡状态，此时多头太强不容易持续、太弱容易被空头反转，所以趋势的角度是反应多空双方能量强弱的方式。

尽管趋势的速度是一种相对概念，但随着实践经验的丰富，趋势线的使用者总是能够不约而同地对于一段趋势报出基本相差无二的角度读数。值得强调的是，在趋势线的角度分析中，一般习惯说"这条上升趋势线大约是 45 度"或"这条下跌趋势线大约是 30°慢速盘跌"，而不是用正负号来表述趋势线的方向。

1. 角度线

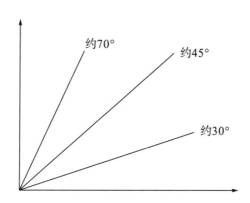

45°的趋势线最有意义。行情在这种状态下总是相对均衡的，一般很容易持续运行很长的时间。

大约 70°的趋势线有些过于快速。如果它是日常波动趋势线的角度，那么随后的跌破往往是市场在寻找合适的次级运动趋势线的过程，而非趋势的反转。如果次级运动具有这样快速的大角度则一般只会出现在黑马行情的快速上冲过程或是如同股灾般的迅猛杀跌行情中，此时一旦出现趋势的减速，行情便会很快地出现至少是次级运动级别的反转。

大约 30°的趋势线属于典型的慢速行情。它通常出现在行情的蓄势阶段或者动能衰竭阶段，不是特别适合交易。一般说来，30°以下角度的行情基本没有太多交易的价值，对于这类行情的追踪主要是为了参与其后的加速或反向突破行情。

2. 阻速线应用技术

基于波浪理论可以得知行情的调整总是以 ABC 三浪运动的模式进行。

但是对于一些复杂的调整浪或是角度比较微妙的调整行情，有时在新的趋势创下新高新低之前，确实难以确定之前的趋势线到底绘制正确还是需要调整，此时也就难以根据趋势线的指示分析鉴别行情了。

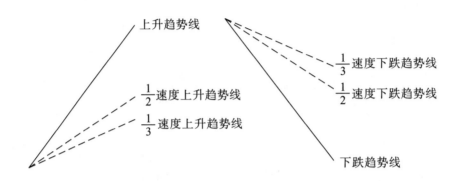

对于这种情况，阻速线可以很好地在相当程度上辅助判断原次级运动的反向调整行情是否已经结束。

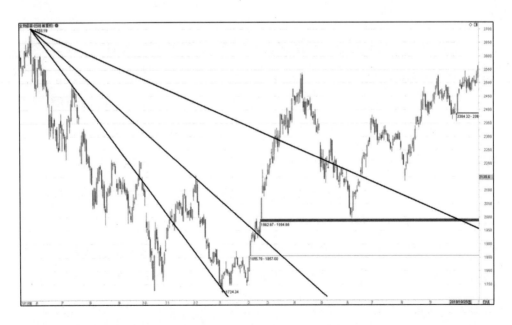

对于图上左侧刚好有点快的下跌行情，有时难以确定对于初始绘制的下跌趋势线的突破是否能代表行情转势，此时就可以尝试对其绘制阻速线进行追踪分析。

果不其然，二分之一速度线在后续行情的发展中变成了恰到好处的趋势线。此时三分之一速度线的价值就不大了。经验表明，也有三分之一速度线在随后的行情中变成了更加贴近完整趋势行情的角度的情况，此时二分之一速度线的价值就不大了。

在逻辑学里有一种思维方式，如果在普遍现象中的特殊现象具有某种特性，那么普遍现象中也可能会具有这种特性。通过对这种假设进行研究和论证，人们就能够知道在更广阔的范围里可以运用的知识。

现在我们已知水平线类别中的支撑压力线具有在行情突破后支撑压力作用相互转化的特性，又已知支撑压力线时趋势线中角度为零的特殊类型，那么对于趋势线本身可能具有支撑压力相互转化的特性进行猜想也就非常正常了。

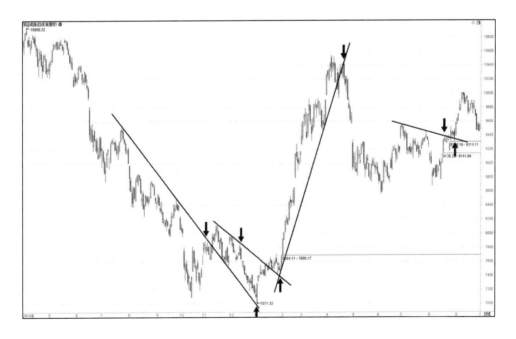

实践表明：当趋势线被有效突破之后，其支撑和压力作用会转化。这种支撑和压力相互转化的动因与水平线并无二致，因此我们一般会对经过了第三个点验证的趋势线进行一定程度的延长。经验表明，只要趋势线的角度不是太大，在被突破后往往还会在相反的方向上起作用。

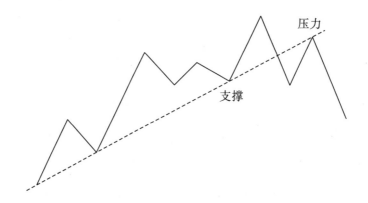

趋势线的突破只能在事后被证明，但只要趋势线的支撑压力作用完成了转换就可以认定趋势的方向已经改变。对于图像规矩的日常波动趋势线和绝大多数次级运动趋势线，突破信号总是比继续的信号更值得关注，因为这往往对应着明确的交易机会。再次强调趋势线被突破并不等于行情已经转势。趋势线被突破只能证明当前的这一段趋势（波段）已经完整，新的趋势已经诞生，但更大级别的行情必须要波峰波谷的演进方向发生变化才能确定转势。

总而言之，最具有价值的趋势线能够让我们结合位置和结构运用突破技术，从而发现更大级别行情的转折。根据三重运动原理，我们可以通过对分时行情的研究判断日常波动行情的转折，通过对日常波动行情的研究判断次级运动的转折，通过对次级运动的研究判断基本运动的转折，如此一来，当前行情所处的位置到底在趋势理论模型的什么位置也就非常清晰了。

趋势角度和均衡的关系

成交量的变动总是和价格的变动一同发生，但这种变化并不一定是同步或领先。我们在学习和应用趋势理论时一定要明白真实的市场是动态博弈的，量能是价格运动的直接动因。新的趋势诞生于均衡的打破，趋势的延伸始于多空再平衡。

3. 波动幅度验证法

趋势的规律性除了趋势性以外，波动幅度也是一大重要特征。在一段次级运动中，价格的运动与趋势线的互动总是会呈现为某种会反复出现的模式，比如说稳定运行的行情的波动幅度总是不扩散的。

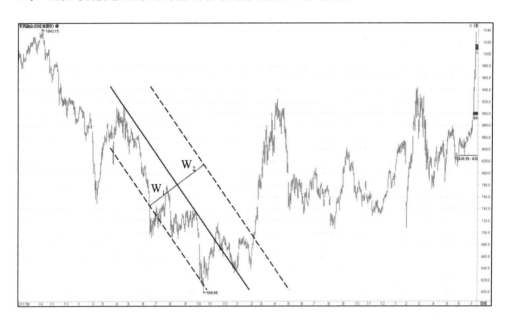

如上图所示，市场中存在着这样一个规律：当行情在趋势线右侧的运动幅度大于左侧价格运动图形结构的最窄幅度，基本可以确定行情已经转变。有趣的是，如果一种指数或个股在次级运动中对于这种验证法表现出了良好的适应性，那么其后的趋势性较强的次级运动大都可以再次使用这种方式加以验证。

思考，是最好的沉淀方式！

1. 为什么一定要严格遵循趋势线的绘制条件？

2. 趋势线在实战中的作用是什么？趋势和趋势线谁是因，谁是果？

3. 当趋势线被突破时应当如何应对？

4. 有什么办法可以应对可能会混乱的不同级别的趋势线？

第六章

水平线的支撑压力

横盘是三种趋势中的一种，虽然70％的亏损都是发生在横盘中，但是横盘形态又是决定下次趋势的关键因素，所以在顺势而投的体系中对水平线的应用也是重中之重。水平线不是趋势线的补充，它是趋势的一部分，不能理解水平线你就没有办法识别趋势的形成与转折，而水平线对应的支撑和压力又是每次开仓、平仓的重要依据。

趋势的识别只是让你看得懂行情，只有理解和应用了水平线，你的交易体系才算真正地构建完毕，而且你会发现交易原来如此简单，之前之所以苦陷于盈亏浮动的泥潭是因为在交易体系中缺少了水平线的环节。

第一节　认识支撑压力线

当你在多次绘制高低点对应的水平线之后不难发现这样一个现象：市场的价格运动往往会在某个水平线的位置止步。高低点作为价格运行和识别趋势的一个重要标志，值得我们去深度分析的原因在于它对价格未来走势的预测作用。支撑线对于之后的行情往往有着支撑的作用，压力线对于之后的行情往往有着压力的作用。对于支撑线和压力线的这个特性，我们可以将其向前延伸以验证重要性，向后延伸以辅助分析判断未来的行情。

　　尽管也有很多水平线被价格运动击穿的例子，但总的来说，在之前某个重要位置所绘制的水平线往往在未来相当一段时间的行情中一直都会是有效的，至少能在一定程度上对于未来的价格运行产生明显的影响，这正是水平线的重要作用。要注意，这并不是我们所画出的水平线具有某种神奇的力量，而是我们通过在市场的重要位置绘制水平线的方式发现了市场运行的一种常规模式。

　　基于理论的指导和实践的经验，我们意识到：市场的运动在到达某一水平位置时往往不再上涨或下跌，市场在此价位上对于价格的运动表现出了明显的抵抗并最终表现出价格的波峰或波谷。我们称这种对于行情起到压力作用的水平线为"压力线"，对于行情起到支撑作用的水平线为"支撑线"。在价格的实际走势中，因为经常会发生对支撑线和压力线突破的走势，所以他们对价格的指引作用是可以相互转化的。

　　1．支撑线

　　对于支撑线来说，股价下跌到其附近时，根据级别的不同，市场中的投资者、投机者和交易者都有可能会在这里作为买方积极参与，与之同时发生的是市场的卖方力量逐渐转弱，于是股价就停止了下跌，在支撑位置转头向上。

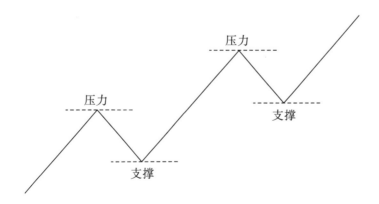

　　在这个过程中，支撑是市场集中出现了需求的结果。市场在支撑线的下方往往存在一定的多方力量，只要这部分多方力量足以消化掉来自卖方的压力，价格就会在这里停止下跌，转头向上走出反弹甚至上涨。

在支撑线的绘制过程中，我们一般采用波谷的位置（某一下降浪和随后上升浪共同的最低点），也可以选用 K 线图表上的某个重要区域。要注意的是，不要在确认低点之前凭借臆断去绘制支撑线，一定要在确认波谷后再行绘制，或者还可以从之前的行情中引入过去就存在的支撑线用于现在的行情分析。

在上升趋势中，当价格出现回调后会继续上涨，而回调的低点一定是因为遇到了某种力量的支撑。形成这种支撑的根本原因是看多的投资者觉得价格调整到位开始积极买进，看空的投资者此时选择获利离场，总之就是市场的各路参与者中看多的明显强于看空的。至于这个支撑位是否停在前方的高点的位置，以及新的低点是否会对后面的再次下探形成支撑是需要通过顺势而投的这个系统进行确认的。而每个高低点形成的根本原因，一方面是市场所有参与者行为的体现，更重要的是一定是具有话语权的筹码方来引导的。

2. 压力线

支撑线是上升趋势的主角，压力线是下降趋势的主角。所以支撑线的道理也基本适用于压力线，只是与支撑线的作用方向相反。当股价上升至某一高度，市场中的卖方可能出于各种原因聚集起来开始抵挡买方对于行情的推进，当市场中的空方力量强于多方力量时，市场中的行情就暂告一段落，价格运动的方向也就由上涨转为下跌了。

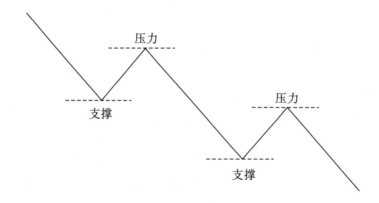

在市场行为中，压力线表示着较为集中的股票供给。市场的各方参与者可能会因为自己的分析结果、过往的价格运动走势或者单纯的感觉而在这里采取空方策略，除非市场的多方力量强劲到能够打败对手，否则价格的运动很快就能满足压力线的绘制条件。

在下降趋势中，当价格出现反弹后会继续下跌，而反弹的高点一定是因为遇到了某种力量的压力。形成这种压力的根本原因是看空的投资者觉得价格反弹到位开始积极卖出，看多的投资者此时选择获利离场，总之就是市场的各路参与者中看空的明显强于看多的。无论是支撑还是压力，代表的都是市场的一种一致性预期，我们可以通过分时的涨跌、买卖盘的变化、市场的消息等多方面因素来判断。多维的因素是用来分析的，但是当你开始交易的时候，你的系统会变得非常简单，然后才会非常强大。

3. 案例分析

2020年的消费股和酿酒板块表现得非常出色，不仅是行业老大足够吸引眼球，几乎所有标的都出现大幅上涨。我们通过酒鬼酒的底部形态和之后的上升趋势来重点看一下高低点对支撑和压力的转化。下图中的第一个低点是阶段性的最低点，此后股价没有再创新低，但是它的作用，是在后面多次回调不创新低的低点才能确认的。直到第二个低点、第三个低点和图中的第一个高点出现，股价的上升趋势在逐渐形成，因为已经满足了低点和高点的不断创新高，只是趋势的角度不够陡峭、强度有限。此时高低点对应的水平线的支撑和压力作用并不是非常明显。

角度没有进入45度之前的趋势很弱，不是说趋势容易反转，而是说价格会上下反复，因为此时还没有出现真正的趋势确认日。股价从第一个高点开始回撤，并没有跌破第三个低点，所以对于趋势会走强的预期并没有改变。可是当股价再次上攻到第一个高点对应的区域时，多方的力量不足，股价快速回落，跌破了最近回撤的低点，直奔第三个低点。精通技术分析的你此时一定发现了股价走出了双头的走势，进而判断了趋势的反转。

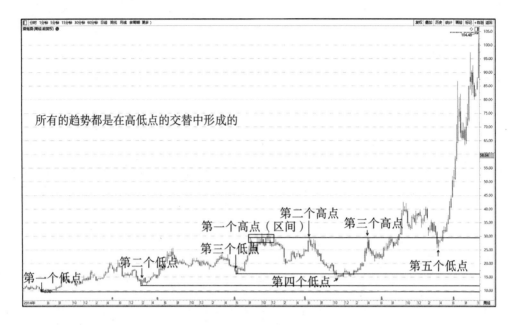

这样的判断无疑是过于武断了，因为我们期待的上升趋势是从第一个低点开始的，现在连第三个低点都没有跌破，只能判断是股价继续进入盘整，而不是趋势的反转。一个完整上升趋势的过程，一定会经过小于45度、45度爬升和超过45度的加速阶段，而此时股价还只在第一个阶段。如果你比较喜欢波段交易，在这个位置参与是不太合适的，因为你没有选择到最强的趋势，反而需要反复面对股价的涨跌，一不小心就要面临止损或者套牢的风险。

股价回撤到第三个低点附近止跌，形成了第四个低点。从图中不难发现，第四个低点也是一个典型的支撑区域。前面连续下跌后，空方动能减弱，此时要明白该跌不跌、理应看涨。随后股价再次上攻，但是明确止步于第一个高点形成的水平压力区，此时股价回调的动能明显减弱，随后便展开了快速的突破式上攻。图中的水平线从压力线转化为支撑线。

趋势虽然开始变强，但是由于回调没有明确的支撑位，所以没有出现非常好的介入机会。此时股价既可能一飞冲天，也可能再次回踩确认。如果是前者，即使因为没有遇到合适的买点而放弃了也无憾，因为这样的走势走不远；如果是后者，就是最好的布局机会。图中形成的第五个低点止跌于支撑线，在前一根还是强势大阴线，投资者很容易看空时，股价止跌横盘了3个交易日之后开始上攻，从此一骑绝尘。

你只能赚你认知范围以内的钱

面对上图的历史走势，我们可以有无数种解释和分析的方法。做这件事情的目的不是给股价的上涨找原因，而是要锁定哪段机会是你能够看得懂的、哪段机会是你该赚到，以及为了获取这段盈利你该做哪些准备。图中从7元到104元的过程，即使是机构投资者也没有办法吃到全部利润，我们更是如此。如果你想赚到行情爆发的那段收益最高的行情，是需要前面反复横盘来铺垫的，这个过程可能有1倍甚至3倍的上涨空间，但这却是你为了获取最好的一段盈利要舍弃的，你做得到吗？

第二节　支撑和压力的转化

学习水平线的第一条基本原理是：高点对应压力，低点对应支撑。如果压力和支撑一直有效的话，那么趋势会在一个越来越小的范围内震荡，这显然是不现实的。第一条原理构建的架构，形成了股价的一种平衡状态，但是随着多空能量的改变，这种平衡一定会被打破，就会面临股价的突破。当股价对支撑线和压力线形成了突破后，就会带来新的问题：支撑和压力的转化。

1. 压力线转化成支撑线

在原有的压力线被趋势突破后，之前在压力线附近看空的力量就会反思他们在市场中是否犯了错误。如果行情迅猛地向上运行，或者干脆一去不回头了，原来的空方就会迅速地转变思想并加入多方的行列中去。等到在下一次价格遇到阻力又回到之前的位置时，曾经在这里错失机会的交易者以及发现了机会的投机者就很有可能会选择买入股票，于是曾经的压力在被突破后就转变为了支撑。只要在新转换出来的支撑位置拥有足够的多方力量，行情就将从调整中扭转，开始新的上涨波浪。

在压力线转化为支撑线的过程中，如果在行情背后存在着来自基本面的向上驱动力，又或者在市场环境不错时有重大利好消息为多方增添威势，突破的过程中又有明显的放量攻击行为，此时就可以认为压力线被有效地突破，可以期待接下来行情将会继续上涨。压力线就是在这样的过程中被转化为后市的支撑线的。我们一般认为在原压力线被有效突破到大约3%的程度后就已经转化为了支撑线。

2. 支撑线转化成压力线

支撑线在遭遇向下的突破（跌破）后也将转化为压力线。在曾经的支撑价位没有及时卖出的市场参与者也会在下跌的过程中进行反思。当行情反弹到了曾经的支撑线时，这些错失机会的人就会选择尽快地抛售手中的股票，于是市场的卖方力量就这样聚集起来。而在已经跌破了前一个低点的行情中，如果前方的行情级别较大则市场很有可能已经进入熊市，此时只要市场中的多方力量小于空方力量，这个位置的水平线将作为非常可靠的压力线促使反弹的行情快速调头向下。

在支撑线转化为压力线的过程后，只要成交量能开始出现持续的萎缩，我们基本可以认为在原支撑线被有效跌破3%的程度后就已经转化为了压力线。这也正是江氏操盘最常用于验证突破有效性的方法之一：3%法则。市场中的投机者在运作或参与反弹行情时也会参考这个重要因素，所以现在市场中的大部分反弹行情都会在逼近压力线之前迅速结束。

3. 案例分析

既然支撑线在被跌破后会转化为压力线，而压力线在被突破后会转化为支撑线，那么已经画出来的支撑线和压力线就不能随便擦掉。这也是支撑线和压力线可以被统称为"支撑压力线"的原因，不只是因为它们两者外观相同并可以相互转化，还因为它的存在将一直对未来的行情具有指导性，并会随着行情的变化而不断转化。

上图作为案例观察支撑压力线并寻找它们的相互转化，对于水平线的作用一定能有所体会。学习水平线的要点在于实践。趋势理论本来就是从实践中总结出来的系统。

在实践支撑压力线的过程中，彼此价格极为相近的支撑压力线可以近似的当作一根来看待。如果有多根支撑压力线集中在某个较窄的价格区域，将其处理为"支撑压力带"也是合理的做法。股票市场发展到现在，对于技术知晓一二而选择提前行动以保证交易头寸能够顺利成交的参与者大有人在，其中也不乏资金体量能够显著影响到一段日常波动的人，市场行情在支撑压力线前方些许便提前转向的表现并不奇怪，此时反而更能说明支撑压力线的有效性。

另外，如果某根支撑压力线在未来相当一段时间的行情中变得不再有效，将其去除或缩短以免技术视图过于杂乱是非常合理的应对方式。理论上，重要的支撑压力线将在较长的一段时间内持续有效或者对于行情的演变一直具有指导性，而不太重要的支撑压力线则并不具有这一类特性。

第三节　支撑压力线的级别

根据三重运动原理和在实践分析中总结的经验，江氏操盘建议以时间周期的划分规则把支撑压力线分为基本运动支撑压力线、次级运动支撑压力线和日常波动支撑压力线。在市场行情的运行中，这三种支撑压力线一直存在着明确的服从关系。

一般说来，支撑线所经过的时间越长则支撑力越强，一旦它被跌破所产生的空方信号也往往越激烈。此时几乎同步发生的杀跌盘和止损盘往往会导致盘面持续快速下跌，这反而又增强了下跌信号的可靠性。

压力线的压力大小也与其所经历的时间正相关，一旦突破了长时间存在的压力线，之后的上升趋势很容易表现得非常猛烈。江氏操盘的双突破模型也是据此原理而完成。值得强调的是，往往在这样的位置多方已经具有压倒性的优势，随着更多的资金持续追随上涨信号进入市场，上涨的信号也将越发的强烈和可靠。

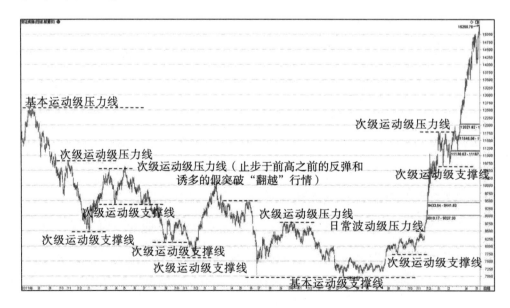

　　水平线的级别很难在刚绘制出来的时候就识别出来，持续地跟踪未来行情的发展是很有必要的。只有经过足够的时间才能分析出之前所绘制的水平线的级别。

　　基本运动压力线就是牛市的顶部，基本运动级支撑线就是熊市的底部，这两种线的绘制价值并不大。但也有些支撑压力线在一年甚至更长的时间中总是反复地在支撑线和压力线之间转化，因为它没有如同市场的基本运动一般表现出相当的稳定性，我们可以将其称为次级运动支撑压力线并在技术图像中予以保留和运用。

　　次级运动的支撑线和压力线具有较高的绘制价值。我们一般要求次级运动的支撑压力线最好能够在日常波动以上的时间跨度中有两个或两个以上的同类基准点（都是波峰或都是波谷），这样的次级运动支撑压力线在未来也容易有更好的表现。如果是有不同类基准点确定的支撑压力线则一般情况下并不具有太高的价值，可以看作是日常波动支撑压力线的延伸表现。对于重要转折处的次级运动支撑压力线，因为一般只有一个波峰或波谷，在后市遇到基本运动的冲击时，往往无法构成有效的阻挡力量。

　　在日常波动的支撑压力线方面，受限于过去时代对于行情所能提供的信息有限，道先生认为除非构成了线型，否则日常波动基本不具有研究价值。但因为科学的进步，在如今的 K 线图表中对于日常波动的支撑压力线已经可以进行一些具有一定价值的研究。根据江氏操盘的经验总结，如果一条日常波动的支撑压力线在 13 个交易日内被规矩的 K 线图形确认了三次或以上而没有发生支撑压力的相互转化，之后的行情对于这条支撑压力线的突破值得重视。如果某条日常波动支撑压力线只有单一的波峰或波谷进行确认，这种脆弱的结构对于反向的行情则往往难以阻挡。

　　基于实践经验，江氏操盘对于日常波动支撑压力线还有一些其他的补充：当日常波动的支撑压力线能够构成为期五天以上的不扩散平台，同时该平台至少被 K 线的高点或低点确认三次以上，则行情向着平台方向的突破往往往具有一定的价值。如果此时日常波动的突破同时与次级运动和基本运动的方向一致，则该位置是一个理想的短期介入点。

要注意的是，所有的次级运动支撑压力线都是在行情的持续运动中由日常波动的支撑压力线演变而来的，所有的基本运动支撑压力线又都是由次级运动的支撑压力线演变而来的。尽管一般情况下次级运动的支撑压力线基本上都可以代替基本运动支撑压力线完成工作，但倘若因此而忘记基本运动支撑压力线则难免会在关键时刻产生重大失误。另外，存在多线汇聚的次级运动线与并不存在这种现象的情况相比，行情所受到的影响往往更加强烈，也更为重要。

第四节　支撑压力线的修正

在实践中我们经常会遇到这样一种现象：一开始绘制的水平线很难完全适用于未来的行情。这完全是正常情况，市场的演化并非一成不变的，因此对于支撑压力线进行一定程度的修正是很有必要的。例如这种问题：

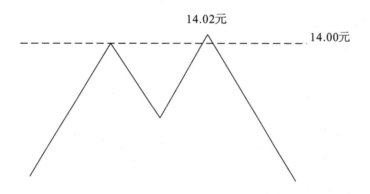

14.02元
14.00元

后一个波峰似是而非地对于前面一个波峰进行了突破，而后行情迅速地向下跌破前方的次级运动支撑线或重要的日常波动支撑线，一去不复回了。对于上述这种情况我们称之为翻越或者穿越，它在趋势线系统中也偶有出现，是典型的利用假动作诱骗交易者踏入陷阱的行情。若不慎介入，一定要立刻根据当前的状况制定应对计划。但是对于上图这种幅度较小的价格变动来说，调整支撑压力线的价值和意义并不大。

对于支撑压力线是否需要调整的判别，一般可以采用3的原则进行区分。例如在3根K线内修复、翻越幅度小于次级运动的3%等。在3的原则之内的大可不必调整，但有时也有必要绘制一根修正的水平线。对于水平线的假突破行情在很多时候都无法排除是否市场主力故意为之的陷阱，但我们依然也可以将其中较小幅度的翻越行情当作是在日常波动中的小幅度无序变动来对待。如果在这个过程中不慎开仓介入，在行情返回水平线时果断止损就可以避免更大的损失。

原理上，价格的运动并非严格地遵循着直线的原则。因为市场利好或利空消息导致的短期过激的市场情绪或大资金凭借资金优势的交易行为都有可能轻易地在日常波动的范畴中造成比较明显的价格变动轨迹。此时对于支撑压力线进行一定程度的修正就非常有必要了，但即使绘制了修正的支撑压力线也不能轻易地删除之前绘制的支撑压力线。

经验表明，在很多时候原先的支撑压力线可能会比修正后的更具有价

值。但是如果对于支撑压力线的修正幅度过大，就有可能会忽略掉行情的转势，在实践中一定要注意拿捏好火候。江氏操盘基于 A 股的实践经验表明，将 3％原则应用在收盘价同时容许影线做出一些较深的穿刺行为，往往修正水平线的效果会更好。

第五节　支撑压力线的识别

在修正支撑压力线之后，对于重要的支撑压力线加以识别和保留就是接下来的重要工作。一般说来，级别较大的支撑压力线总是比级别较小的支撑压力线更加重要。但能够在更长时间中依然对于行情的分析具有价值的支撑压力线，总是由经历时间较短的支撑压力线逐渐逐级演变而来的。想要确定支撑压力线的价值和级别，很多时候都非得经历一段时间不可，并不是刚画出来就能够贸然断定的。

在此基础上，重要的支撑压力线具有三种性质：

（1）股价在相应区域运行时间的长短。这并不只是支撑压力线的级别问题，更多的还有支撑压力线与 K 线的接触次数，即对于行情明确地表现出了支撑或压力效应的次数。相比于从某个单独的波峰或波谷延伸出来 3 个月的支撑压力线，在调整形态处存在了 3 个月的支撑压力线基本可以肯定更加重要。在这个过程中，因为偶然的价格波动而溢出的日常波动支撑压力线与之相比可能完全不重要。

（2）相应区域的成交量大小。如果在支撑位有着大量的买盘将卖盘消化，那么行情在那个位置就会放出较大的量能，反之亦然。当市场在某个支撑压力位处释放了较大的量能，在这个位置的换手行为也往往较为充分，市场参与者在此处的持仓也会较为集中，价格相对于此处的位置对于市场整体的盈亏程度影响也会更为明显。即在某个支撑压力位释放的量能越多，相应的支撑压力线也就越重要。

（3）支撑压力区域距离当前的远近。通常趋势理论的学习者在研究支撑压力线时很容易陷入"认为支撑压力线存在的时间越长则其级别越大，对于行情的影响力也就越大"的误区。然而实质上的支撑压力是由市场的参与者的行为而产生的，因此实际上交易换手区域距离当前的远近程度对于行情支撑压力的重要性成正比。

在实践中如果辛苦绘制的支撑压力线对于上面三种性质并不相符，那么对于支撑压力线的调整工作可能就需要很快进行。

第六节　支撑压力线的心理和行为分析

回顾之前对于整个牛熊循环的演绎，我们不难意识到投资者的交易行为的重点总是在熊市末期和牛市末期。投机者的行为相比于投资者要略为多动一些，但也会在转折初期的重要位置果断介入并在趋势末期见好就收。交易者的活动则更加频繁，或者说他们追踪的是日常波动的涨跌行情，但往往因为日常波动的变动太快、随机性太强而导致交易频繁地出错。

我们可以将这些行为总结成一张图表：

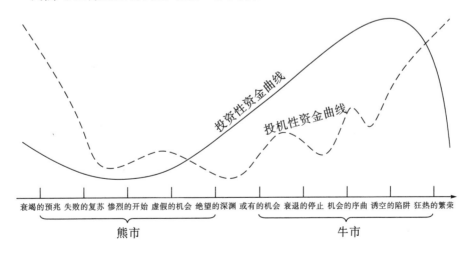

图中没有绘制交易者的资金曲线，因为它在市场的三重运动中的行为实在是过于凌乱。但有一点可以确定的是，尽管有时投机者难免会成为投资者的对手盘，但是交易者总是会在行情中同时充当投资性资金、投机性资金和他们自身的对手盘。在国内几乎只能多方单边的市场中，一般交易者总是偏向于保持满仓状态直到信心崩溃，反而投资者会选择在牛市的尾端尽快离场。至于投机者们，他们会选择在见势不妙时立刻撤退。熊市初期的放量杀跌往往就是投机者们夺路而逃、交易者们懵懂接盘这两种市场行为交织的结果。

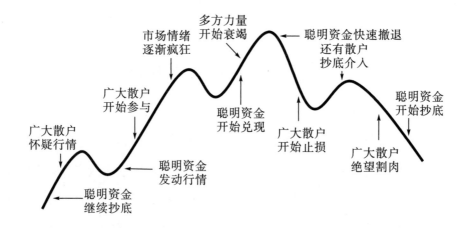

真正能够在市场中长期盈利的投资者恐怕只有不到10%。股票市场的赢家在大众的眼里就好像薛定谔的猫一样让人捉摸不透，似乎赢家们总在某些神奇又特殊的时候与散户处于对立面，也有些时候会和散户一起同步向前看。但这其实是投资者和投机者作为"聪明资金"在面对市场时总是能够保持耐心，理性分析行情、鉴别市场状态，并冷静沉着地应对行情的缘故。

对于市场的心理分析和行为研究，首先有必要将各方投资者按照一定的标准进行划分，比如多方与空方，又如投资者、投机者和交易者等。人们在市场中行为大相径庭的原因往往在于他们的投资理念和对市场的认知不同，于是各路人马对于市场的交易行为大相径庭也就并不奇怪了。这些思想上和行为上的分歧又导致人们的介入位置和持仓时间长短各不相同——"市场即战场，股生即人生"的精彩大戏就此开幕了。

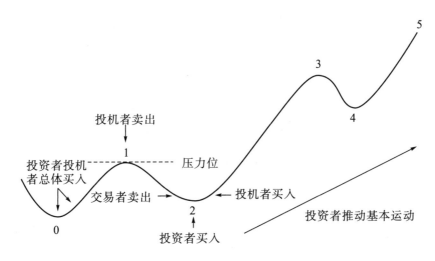

在界定市场参与者的类型之后，将其心理状态和交易行为放入三重运动中去分析总是能够收到奇效。以投资者、投机者和交易者分类方式为例：基于行为界定，投资者总是偏好于长期持有，他们见识广博、格局宏大、内心和谐又习惯低调，是推动市场基本运动牛熊变幻的力量。投机者特别喜欢介入到能够把握住的阶段性机会中，他们思维灵活、了解市场、懂得技术又引人注目，不仅是市场次级运动的主要参与者和交互者，还总是容易被迫成为成功交易者的代表受到各种妒忌，甚至被一部分交易者误解，比如说"操纵市场"或者"恶庄"。交易者总是希望赚快钱，有些许利润就很容易满足，一旦亏损略大、些许盈利或是从套牢状态回本，总是深陷自我矛盾和内外矛盾的他们就是第一批迫不及待地想要卖出的人，基于这种特性，交易者成为日常波动的主要参与者和交互者。

在牛市运行的初期，当市场价格即将出现下跌时，投机者往往会根据一系列技术手段和重要的财经新闻等方式发现次级运动级别行情即将发生变化的信号，进而实现精准的离场。理所当然的，在动态的市场中这种交易行为会助推接下来的下行次级运动。当价格下跌到一定程度，忍受不了价格变化的交易者就会宣布放弃并开始割肉止损，这将进一步地助推价格下行。但是交易者群体中的内在分歧往往也大，他们无法像投机者一样基于某种因素（比如交易技术）而协调一致地行动，于是他们所推动的价格下跌大都是较为弱势或缓慢的。如果在这之后没有投资者拿着钞票再次参与市场，行情将会延续阴跌的状况，直到投资者认为时机已经成熟了。此时由投资者领头的抄底策略因为伴随有未来价值的支撑，很容易带动投机者的积极参与，而交易者在之前的阴跌中已经基本释放了做空的动力变成了市场的观望者，于是新的向上的次级运动就开始沿着基本运动牛市的方向继续前进了。等到又一次陷入情绪低潮的交易者再次意识到自己已经踏空的时候，牛市第二期早已轰轰烈烈地开始了。同样的原理也适用于趋势理论模型中的其他重要次级运动拐点，而在不太重要或级别不大的次级运动拐点位置，往往更多的是投机者与交易者之间的博弈，投资者则是在背后默默地扮演着不被人注意的角色，闷声发大财。

我们还可以从多空双方的角度去剖析支撑压力位的心理活动，比如更进一步地运用江氏操盘"四力"分析法来解读某个筹码堆叠区：在某个密集成交区大量进货的多方定然是不希望价格跌破这一区间的，只要他们对于后市没有失去信心就不会卖出。如果在此位置的持币多方的积极态度成功地消化掉了之前持股空方的力量，行情就很容易在此企稳。随后，看多行情者已经囤积了大量的筹码，而看空者则兑现了大量的货币变成了不再对行情构成压力的持币空方，市场的成交量也因为交易意图的寡淡而逐步陷入较为低迷的状态中。在这样的平衡态势中，即使偶然出现些微出格的向下价格波动，只要没有利空出现打击多方的信心，也往往会很快地被认为有利可图的持币者拉回。直到有朝一日市场的平衡状态被打破，比如大量持股者运用融资融券手段又获得了相当的做多资金，新的趋势就随之出现了。

对于市场的心理和行为分析，只要符合人性、合乎逻辑，就总是具有一定价值的。心理和行为分析的背后逻辑在于市场的价格博弈，而这一切又会在成交量上毫不掩饰地释放出来。在复杂的市场中，机械地运用模型对于市场进行解读总是难免存在着一定的误差以及偏颇，一定要从原理上对于不同的行情独立分析。在认识到市场中的人性的基础上，投资者首先要做到的是克服自己的人性弱点，让自己在市场中永远居于有利的一方，这才是市场心理和行为学的第一价值和意义所在。

第七节　百分比线

从道先生开始，股票市场对于次级运动的回撤比例的研判就从未停止。市场中存在着很多百分比线的绘制方式，其中有些甚至需要运用高等代数进行多次计算。其实很多时候这并非必要，人们总是会忘掉"简单的往往是最有效的"，许多花哨的空间分割技术在最终结果上总是与经典的百分比线技术一般无二。

1. 50%分割法

我们可以用一条水平线将完整的次级运动划分成等高的两半，如此一来就能够在市场中观测到许多有趣的现象：

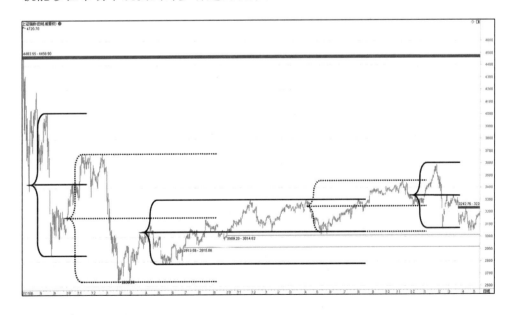

不只是调整行情，一些反转走势也会倾向于在前一个波段的一半位置发生停顿。这是市场中确实存在的一种常见模式。我们可以对它这么理解：二分之一的位置相当于整个波段的平均成本。于是，如果之前是下跌行情，那么之前被套牢的相当一部分人会倾向于在这里逃离市场，于是行情开始转为下跌。如果之前是上涨行情，回调到这里的行情不仅给予了持币者良好的看多机会，还威胁到了之前持股人的本金，于是市场的这两类参与者都有动力将价格顺着上涨的方向进行推动，行情就这样再度上涨。

2．三等分分割法

反向行情对于前一波的行情回撤 50％幅度是一种常见的市场运动模式，然而这并不是市场唯一的模式，也不是绝对精准的标准。33.3％和 66.6％也是常见的回撤停止位置。运用三等分分割法时，我们需要把前一个波段进行空间上的三等分，然后观察行情止跌的位置。

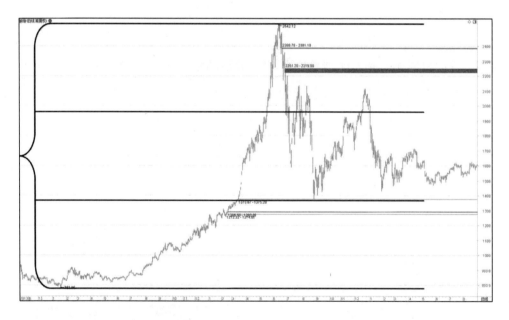

一般情况下，我们建议把 50％分割法和三等分分割法同时使用。

根据实践经验总结，上述三个回撤幅度对于行情的研判具有相当的价值。对于一段行情来说，如果逆向回撤运动的幅度在其 33.3％的范围内，随后趋势继续沿着原来发展的概率往往非常大，行情也容易表现得更加强势，可能会形成非常理想的介入机会。对于一半回撤的情况，其后的行情运行幅度有可能与之前的波段大致相等，其后的行情往往也具有一定的操作空间。如果回撤幅度达到了 66.6％，随后的行情就容易变得比较弱势，但总的来说沿着原来趋势方向进行交易的风险仍然可控。但如果回撤幅度超过了 66.6％，那么就可以大致预判未来的趋势很有可能会出现转向，价格继续沿着原来的行情方向前进的概率已经不是很大了。更进一步，如果发生了回撤幅度达到或者超过了 100％的情况，那么行情在之后发生反转恐怕就是比较自然的事情了。

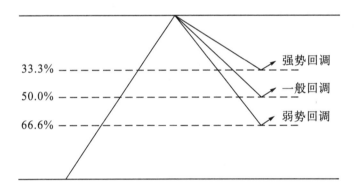

上图的原理在空方行情中同样适用，江氏操盘在分析实践中对于一段次级下跌运动后超过其幅度 66％的反弹行情格外重视，因为这往往预示着某个级别的转折有可能将在此后发生。另外，我们还可以把江恩理论中的一部分内容引入进来，例如八分法的 $\frac{3}{8}$ 和 $\frac{5}{8}$。既然行情本身对于水平线就不是严格遵循的，我们将 33.3％ 和 37.5％组合成一个强势和中势分界区域，把62.5％和 66.6％组合成中势和弱势分界区域也是非常合理的分析方法。

第八节 黄金分割线

早在公元前 300 年，有关黄金分割的论述著作就已经面世。作为对于自然规律的发现，对于黄金分割的运用不仅能够让人感受到和谐与自然的美，还能够在很大程度上优化事物的内部协调和外部功能。时至今日，花样百出地运用黄金分割法早已屡见不鲜，但在股票市场中掌握了黄金分割运用技艺的人却寥寥无几。

江氏操盘已经将黄金分割很好地运用在了形态学并整合进入了趋势理论之中。对于黄金分割的运用，在空间上江氏操盘将其分为内部回撤、外部回撤和同向映射三大部分，再结合水平线的汇聚特性对于行情进行分析，往往能够对于市场接下来的运行结构和节奏做出准确度惊人的预判。根据江氏操盘的实践总结，很多时候相应的回撤比例位置总是较为容易成为接下来一段行情的目标。

1. 内部回撤是未能突破前一个波段的新波段在空间上与前一个波段的比值

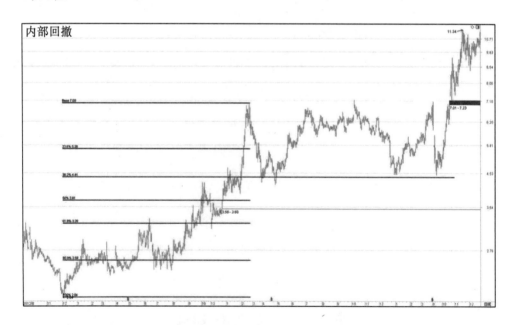

重要的内部回撤比例：0.382、0.50、0.618；

次重要的内部回撤比例：0.786、0.809；

不重要的内部回撤比例：0.236、0.707……

2. 外部回撤是突破了前一个波段的新波段在空间上与前一个波段的比值

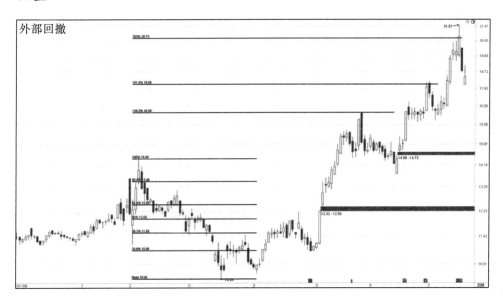

重要的外部回撤比例：1.382、1.618；

次重要的外部回撤比例：2.00、2.382、2.618。

3. 同向映射是第三个波段在沿着第一个波段的方向前进时，可能在以第一个波段的方向和幅度上遇到阻力的位置

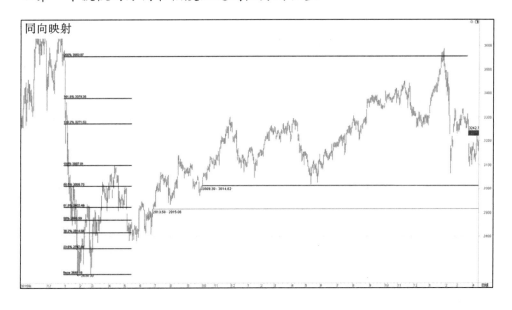

重要的同向映射比值：1.382、1.50、1.618；

次重要的同向映射比值：2.00、2.382、2.618。

另外，基于日常波动的随机性，一定要理解在大多数时候行情并不会严格地停留在水平线所标志出的位置上。些许的毛刺并不影响我们通过水平线对于行情把握的正确性，市场中也会存在很多相当擅长技术分析的高手会选择在重要的位置来临之前提前卖出。对于水平线的运用可以相信、确信但不能迷信或者盲目地乱用。一旦行情对于某个看起来可能非常有效的水平线呼啸而过，一定要及时地修正自己对于市场行情的观点。

第九节　支撑压力线的实战

在趋势理论模型中，对于牛市转折为熊市三部曲进行识别的关键就在于对于前方最近一个次级运动的波峰是否有被突破、波谷是否有被跌破，而我们对于相应波峰和波谷的识别和运用的方式就是在它的位置画出向后延伸的水平线。对于以上内容也可以总结为：

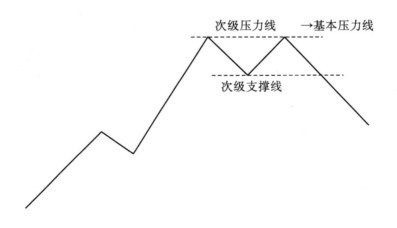

　　把同样的原理反过来运用就能够得到由熊市转变为牛市的标准。如果熊市中的次级运动行情先是不再跌破前方的次级支撑线，然后又向上跌破了前方的次级压力线，那么我们就能够确认熊市已经结束：

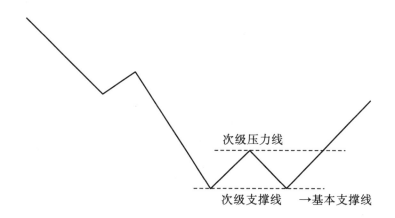

　　这个原理讲述的正是江氏操盘"小周期引领大周期"的要义所在。基于引领原理推演可以得知：

　　在关键位置，日常波动的向下跌破就能够判断次级运动向空方转折。次级运动的向下跌破一旦在关键位置发生，就能够判断基本运动向空方转折。由此，在市场发生了不再突破前高的重要次级运动之后，在行情逼近最近的重要次级支撑线时，一旦日常波动下探该重要次级支撑线并下穿超过3％确认有效跌破时，轰轰烈烈的熊市就极有可能已经到来了。此时投资者紧盯日常波动与市场的互动将会是非常有必要且非常有价值的重要分析和鉴别行为。

　　在关键位置，日常波动的向上突破就能够判断次级运动的多方转折。次级运动的向下跌破一旦在关键位置发生，就能够判断基本运动的多方转折。由此，在市场发生了不再跌破前低的重要次级运动之后，在行情逼近最近的重要次级压力线时，一旦日常波动上探该重要次级压力线并上穿超过3％确认有效突破时，轰轰烈烈的牛市就极有可能已经到来了。此时投资者紧盯日常波动与市场的互动将会是非常有必要且非常有价值的重要分析和鉴别行为。

有关上述内容，我们还可以在趋势的定义上进行反向的技术推论：上升趋势就是对于前方高点的不断突破，上升趋势在最近的低点未被跌破之前是完整的，反之则是对于上升趋势可能即将结束的预警；下跌趋势就是对于前方低点的不断跌破，下跌趋势在最近的高点未被突破之前是完整的，反之则是对于下跌趋势可能即将结束的预警。

有关一段趋势（波段）的反向价格运动的幅度与原趋势方向的关系将放在百分比线的章节进行更加细致的讨论。在这里我们只需要明白很多神乎其技的技术分析手段其实都只是源于趋势理论基础内容的推论、演变和叠加即可。

基于支撑压力线的重要作用，在对股市行情进行分析和鉴别时，我们应当根据重要的支撑位置来划分牛市的各个时期，根据重要的压力位置来划分熊市的各个时期。另外，如果要想对于行情的波峰和波谷进行更加靠近波浪起点的精确判断技术分析，很显然支撑压力线是不足以胜任的，还需要配合许多其他的工具联合分析。

除转折之外，支撑压力线在趋势的运行中也有着重要的作用。一般说来，次级运动的模式往往就是市场的节奏，其中较大级别的次级运动往往具有更好的稳定性，而较小级别的次级运动往往因为受到日常波动的影响相对更为明显而具有更强一些的变异性。通过合理地绘制次级支撑压力线可以帮助我们更好地观察和把握行情。

特别是在重要的次级运动支撑压力位处，行情很容易在其附近反复徘徊从而构建出能够辨识的日常波动级别形态结构。在未来的行情中，此处初始有效的次级运动支撑压力线可能会在后面的行情中扮演支撑线、颈线等其他角色，这样的支撑压力线更有延长至未来的价值，不可以轻易删除。

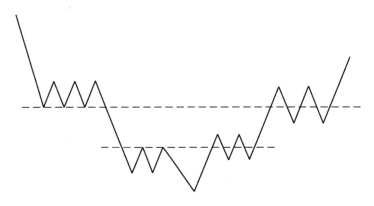

但是如果次级运动支撑压力线在未来的行情中演变成为中枢重心近似线而被反复多次击穿，那么它很有可能在未来的行情中会失效，这种现象一旦被验证就不必再将它进行延长了。

在牛市或熊市的延续过程中，每当行情探寻到前一个重要的次级支撑压力线时，市场往往都处于某种关键的时刻。如果行情在此处不能沿着基本运动的方向继续突破，那么转折的序曲恐怕也将随之奏响。相反的，只要行情还能够延续，所有描述与趋势方向相反力量的支撑压力线都将被市场消化转变掉。

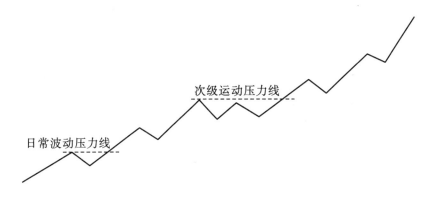

更进一步地理解三周期看盘还可以发现：基本运动支撑压力线可以阻挡次级运动和日常波动，即使有时次级运动和日常波动对于基本运动支撑压力线进行了穿刺翻越也会在较短的时间内调头返回，但基本运动支撑压力线有一定的可能会无法阻挡基本运动。次级运动支撑压力线可以阻挡日常波动，

即使有时日常波动对于次级运动支撑压力线进行了穿刺或翻越也会在较短的时间内调头返回，但次级运动支撑压力线有一定的可能会无法阻挡次级运动，也一定无力阻挡基本运动。日常波动支撑压力线在面对基本运动和次级运动时往往都很无力，但存在一定的可能性能够阻挡日常波动。换句话说，一旦价格的运动长期止步于某个支撑压力线，我们就有必要怀疑行情是否可能要反转了。

思考，是最好的沉淀方式！

1. 请至少在 10 只个股的走势中绘制重要水平线。

2. 水平线对你的交易系统的作用体现在什么地方？你如何用它来优化你的交易系统？

3. 不同级别的水平线如何进行转化？

第七章

通道线的定量择时

在熟练地掌握了水平线和趋势线的原理和技巧之后，进阶趋势线技术将为你在技术分析领域打开新的大门。从这一章节开始，我们将进入更加明确的定性定量分析。江氏操盘切线交易系统中的通道线技术、道氏趋势线技术和道氏通道线技术都是在绘制标准严格的趋势线技术的基础上发展出来的，而趋势线技术又是源于三重运动原理、基于技术分析的三大公理发展出来的。在使用高级趋势线技术的时候，一定不能忘记一切技术和战法的使用都是分析和鉴别市场的过程。

第一节　通道线

普通的趋势线更多的还是用于定性分析，能够在定量分析方面提供的信息总是很少，关于角度方面的分析更是只有基于经验而估计的值。基于趋势线的通道线技术则在很大程度上完善了关于幅度的定量分析，对于趋势的定性分析也更加明确。

1. 通道线的绘制

有些时候我们仅凭肉眼就能直观地看到一段行情的波动总是相当的稳定，似乎有一对平行线牢牢地将其夹在了中间。当我们确实地动手把这一对平行线画出来的时候，其中一条总会恰好是趋势线，而另一条则是基于趋势线而存在的通道线。

通道线和趋势线合起来被称为"趋势通道"，它在很大程度上是对行情趋势的直接描述，此时趋势的发展可以用螺旋理论进行进一步解读。任何行情都有着对应的一段通道。因为趋势的运行具有三重运动特性，所以通道线理所当然的也分为基本运动通道线、次级运动通道线和日常波动通道线。与趋势线的时间性质相同，存在时间越长、被试探次数越多的通道线越重要，被突破时的交易信号越可靠。

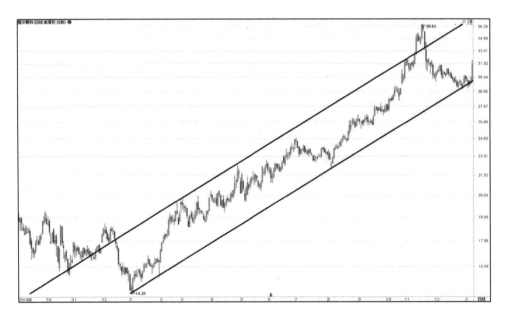

通道线的绘制同样有着明确的方法：在做出趋势线之后，通过趋势线对面的第一个波峰或波谷做出平行于趋势线的直线。

要注意的是，通道线服从于趋势线且并不独立存在。在行情分析中，除非通道线被击穿，否则趋势线总是比通道线重要得多。

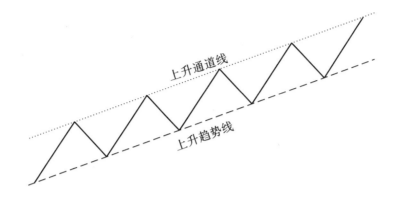

在把趋势线和通道线同时绘制出来之后，我们就知悉了切实可靠的价格波动幅度。一般我们将通道线在同一天内的通道线位置的价格与趋势线位置的价格相减的差除以趋势线位置的价格作为通道线的波动幅度。

在一段趋势通道中，我们总是能观察到价格的运动会在趋势线的位置受到作用，而在通道线的位置受到反作用。由此我们就可以根据价格的波动幅度（最好大于 25％）在趋势运行的过程中反复套利。

注意，经验表明这种套利交易的方向最好不要与通道线的方向相反，否则很容易会在突如其来的加速行情中遭遇来不及止损的悲剧。因为通道线的反作用力总是小于趋势线的作用力，我们无法保证通道线不会被行情沿着趋势的方向加速击穿。事实上，市场中通道线被击穿一段行情、被反复击穿或被加速行情彻底击穿的例子为数不少，在交易实践的过程中不能忽视这种可能性，应当做好顺势交易。

2. 通道线的反作用

在通道线绘制成功之后，我们总能观察到行情运动到通道线时就很容易反转回头寻找趋势线的作用力，这也是证明通道线成立的重要标准。

基于三重运动理论分析通道线的幅度可以得出如下推论：日常波动的运动幅度一定小于次级波动，次级波动的运动幅度一定小于基本运动。由此我们也可以理解为市场对于三重运动的波动都存在某种程度的抑制力量，这种抑制力量来源于大一个级别的趋势。根据上述内容进一步推导还可以得出一

个结论：某个级别的通道的宽度等于其中最宽的盘整区域的宽度。

基于实践经验，江氏操盘关于通道线的幅度还有一个重要的结论：通道越窄则趋势性越强，多空中相应一方所具有的优势越明显，行情越稳健，随后的突破信号可信度越大；通道线越宽则趋势性越弱，多空双方之间的搏杀越激烈，行情越弱势，此时趋势通道本身就倾向于改变。

3. 通道线的突破

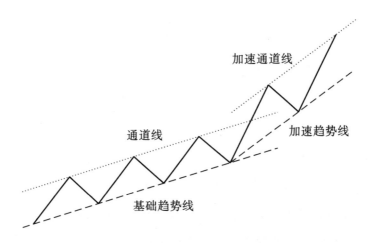

通道线被突破意味着行情将沿着趋势的方向进行加速，此时我们也有必要跟随行情的加速而绘制更加重要的加速趋势线。江氏操盘的黑马奔腾模型正是基于此原理而成立。

黑马奔腾行情的重点在于突破次级通道线之后的回踩。一般说来，回踩在通道线之上的行情最强，刚好踩到通道线也非常好，踩回到趋势通道内部则往往加速的幅度并不那么惊人。另外在市场未被道氏确认日验证之前，行情在很多时候也存在通道线被"翻越"的问题——伴随着过大或过小成交量的释放，市场很快地就进入了下跌趋势。

4. 通道线的升轨

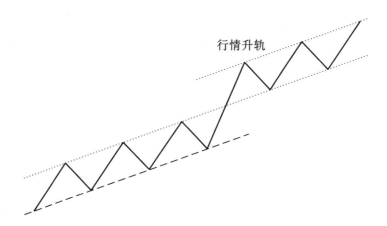

行情升轨

当然并非所有的趋势线被向上突破都是加速行情。根据江氏操盘的实践经验总结，这属于黑马奔腾模型的变体——如果能同时拥有来自基本面的支撑和牛市的助推，在这种模式的趋势通道行情之后，往往有着惊人的主升上攻行情。

5. 通道转折的预警

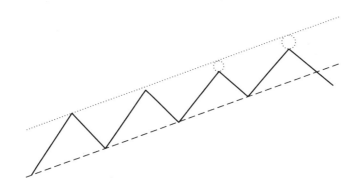

对于趋势通道也会存在价格陆续无法触及通道线的状况，对此我们可以通过测量距离的变动，或者更加直观的"填球法"对于趋势通道内的行情进行分析。一般说来，当第二个球的直径明显地比第一个球大的时候，行情反向跌破趋势的危机也就近在眼前了。但这并不能作为提前判断趋势跌破的标准，因为事实上也确实存在行情随后又贴上通道线的情况。

股市之道，一阴一阳。即使是在单边多方市场中，上升趋势的绝大多数特性反过来放在下跌趋势中也是成立的。所以对于下跌趋势下坡通道线或降轨的情况，明智的做法中确实包括千万不要幻想所谓的超卖行情。

第二节　道氏趋势线

关于道氏趋势线的绘制和运用是江氏操盘切线交易系统的重要秘籍。它与平时做绘制的趋势线相比，从概念到绘制的方法都有些不同。但不要忘记，所有的技术分析都是为了鉴别判断牛熊市的性质和追踪趋势的突破，所谓战法和交易模型只有在顺势的时候才有机会建立奇功。

1. 道氏趋势线的定义

道氏趋势线是划分趋势级别、确定趋势方向的近似切线。

在技术分析的三大公理中，"价格按照趋势的方式发展"存在一个隐意——价格按照直线方式发展。关于这一点，采用一般方式绘制的趋势线已经用其出色的表现证明了其存在的意义和价值。

2. 道氏趋势线（切线系统）绘制和应用原则

（1）道氏趋势线一定要在对数图里托起或压住整个趋势。因此每一次转折后都一定要从最小级别的趋势线开始动手，选择合适的基点将趋势线范围内的K线保持在左侧，该用水平线时不要犹豫。

（2）道氏趋势线几乎不存在假突破的问题，所有的突破一律严格按照真突破进行处理。等到确实能够证明是假突破时再进行绘图和交易的修正。对于道氏趋势线的突破完全可以按照趋势线的验证方法进行，但要注意处理好波幅、振幅与趋势的关系。

（3）只要价格保持在趋势线的一侧就说明趋势仍在沿着原趋势方向发展，由此画出的一组包络线就是趋势的轮廓。但因为行情存在加速的可能，所以不强求价格的轨迹一定要接触到道氏趋势线。

（4）道氏趋势线总是具有明确的级别。经验表明，对于道氏趋势线的级别划分，最好至少采用日常道氏趋势线、较小的次级道氏趋势线、较大的次级道氏趋势线、基本运动道氏趋势线。也可以采用江氏操盘的周期套模型对道氏趋势线进行更加详细的级别划分。

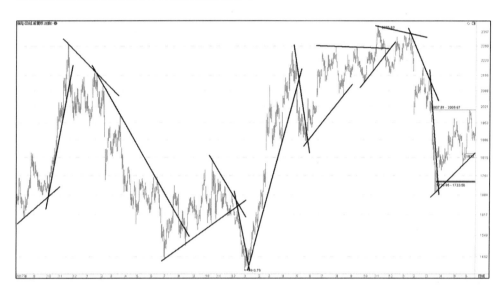

（5）一般情况下只绘制次级道氏趋势线和日常道氏趋势线。实践经验表明，在基本运动的级别上，通常情况下道氏趋势线已经与一般的趋势线差别不大，远不如采用一系列的次级趋势线包络出的轮廓作为对于基本运动的诠释。

（6）时刻牢记绘制道氏趋势线是为了更好地鉴别趋势发展的各个阶段。不要把道氏趋势线绘制得过于密集，规避糟糕的信号总是比利用有价值的信号更重要。

（7）相对安全的交易信号点总是在相应的道氏趋势线确认级别之后。基于三重运动之间不会越级支配的衍生原理，日常波动对于基本运动的真突破恐怕就是新基本运动的开始。

（8）长期的道氏趋势线对于短期的起决定性作用。

（9）除非趋势发生放量转折，否则两条道氏趋势线异向交叉时行情总是转向级别明显较大的道氏趋势线。如果两条次级道氏趋势线的级别都较大，它们的交点很可能成为趋势理论模型中某一期或某一段的分界点。

第三节　道氏通道线

道氏通道线与一般的通道线有所不同，它拥有两个基准点，所以并不要求与对应的趋势线保持平行。道氏通道线和道氏趋势线一起勾勒出了整个行情完整的轮廓，从而让市场的研究者们清晰地看到了活跃于市场的各种模式，江氏操盘的《形态学》也是由此衍化而来。

1. 道氏通道线的绘制

在对数图中完成道氏趋势线后，在道氏趋势线的对面连接相应位置的两个相对高点或相对低点的近似切线。

基于上述定义，我们完全可以想象道氏通道线恐怕在大多数时候都不会是规则的通道或形态结构。事实上，所有不能够用两根水平线约束的形态都源于对于道氏趋势线的研究和总结。

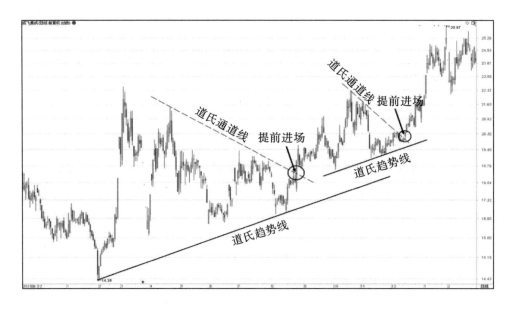

2. 道氏通道线的应用

我们对于道氏通道线的定义深入挖掘时可以发现：

（1）道氏通道线总是在直观地表述趋势的变化。逐渐变宽的道氏通道说明趋势在变弱，逐渐变窄的道氏通道说明趋势在变强，基本平行的道氏通道则具有良好的稳定性。

（2）道氏通道线同样遵循三重运动法则。日常道氏通道线服从次级道氏通道线，次级道氏通道线服从基本道氏通道线。不同周期道氏通道线的交点总是具有研究价值。

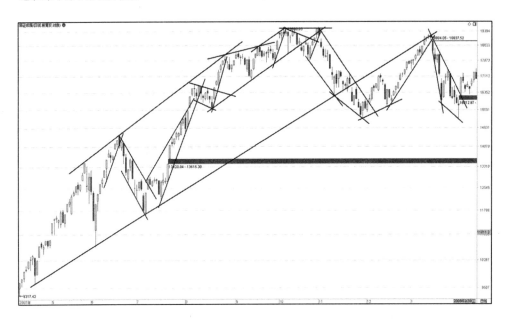

（3）结合运用道氏趋势线和道氏通道线可以提前确定价格的突破方向。

道氏通道线是在道氏趋势线的基础上绘制的，在重要性上相比于道氏趋势线是第二位的。就像通道线一样，道氏通道线也不能独立存在。基于这种关系，我们可以提前确定价格突破的方向，这对于投资交易无疑是非常有利的。

例如在扩张的三角形中，随着趋势性的减弱，道氏趋势线被突破的概率逐渐增大。在这种情况下，一旦道氏趋势线被突破，我们就可以判断行情发生了重要的转折。

又如在收敛的三角形中，随着道氏趋势线和道氏通道线的距离越来越近，道氏趋势线越来越有效，此时道氏通道线被突破的概率也越来越大。在这种情况下，一旦道氏通道线被突破，我们也就可以判断行情如期发生了突破。

思考，是最好的沉淀方式！

1. 通道线与道氏通道线的差别在哪里？

2. 道氏通道线和趋势线发生冲突时应当怎么办？

3. 如果道氏通道线与趋势线渐行渐远意味着什么？

第八章

能量包的黄金买点

前面已经用了相当的篇幅讲述水平线系统对于趋势分析的作用、价值和意义，同时水平线的学习者应该已经意识到了一个问题——精密又贴切的趋势追踪是水平线难以胜任的工作。

为了对行情进行进一步的分析和鉴别，让我们能够更加精准又系统地完成投资交易，在水平线的基础上更进一步就是非常有必要的了。

在充分地理解了水平线的支撑与压力及其相互转化关系的基础上，我们还可以更进一步地基于支撑压力线的原理在空间上把水平线技术进行应用拓展。

第一节　能量包形态

窄幅波动整理又被称之为"线"或"线形整理"。它会随着交易天数的增加而逐渐显示出其意义，是一种具有非凡潜在价值的重要蓄势形态，也是第一个被查尔斯·H. 道先生所观察到、注意到的价格运动模式。最初道先生对于它的总结就已经较为完善，而且还揭示了行情处在这个状态中就是股票正处于囤积期或抛售期的事实。另外，道先生还强调了这是一种典型的为了取得股票或兑现货币的操纵行为。

145

　　趋势理论的传承人汉密尔顿先生对于线形整理做出了更进一步的解释：线形整理中买卖双方的力量暂时达到了均衡状态。

　　之后的趋势理论传承人雷亚先生对于窄幅盘整行情给出了更为明确的定义，这也是江氏操盘在实践中最常用的版本：当市场走势在大约两三个星期以上的时间内持续地在大约以平均值的5%为中心的狭窄振幅空间范围内波动，这种走势可能代表承接或出货。两种指数同时向上穿越盘整区间的上限代表的是承接行情的盘整，行情价格应该继续走高；反之在两种指数同时向下穿越盘整区间的下限则代表的是出货的盘整，行情价格应该会继续走低。通常对于一种指数已经完成线形整理而另一种指数并未能确认的状况，贸然定论行情就很容易犯错。

　　雷亚先生对于两三个星期以上的时间要求一方面是因为市场筹码的收集和派发免不了需要相当的时间，另一个方面也是为了保证我们所在观测的市场运动并不是日常波动。如此一来，能够在未来产生非水平趋势的线形整理的价值就非常明显了。同时特别强调，在线形整理期间最好不要入市。

第二节　多方蓄势线形整理

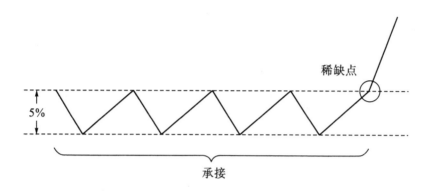

在重要的底部或上涨中继的盘整过程中，趁着市场的情绪氛围并不乐观，投资者根据自己的分析结果非常积极地承接市场卖盘，真正消息灵通的投机者也有可能主动参与其中。他们小心翼翼地行动，不希望在吸收筹码的过程中不慎抬高了股价，因此市场的价格会维持在水平的状态之中。随着时间的推移，市场中剩余的流动筹码越来越少，但价格仍维持在相对狭小的区间之内，积蓄满了多方力量的窄幅盘整走势就这样逐步地演化出来了。

当市场中的空方不再能够供给多方足够的筹码时，行情的运行就会出现稀缺点。随着关键的突破被确认，越来越多的持币者会在这里挥舞着钞票向上助推行情的发展，一切想要在这里获利了结的抛盘都只会被无情地消化掉，于是猛烈的上升趋势就随之出现了。有时候行情也会在稀缺点出现之前的最后一个波谷向下微幅翻越，以便让市场误以为行情将要向下跌破，而后再反向走出一波令人手忙脚乱瞠目结舌的强势行情。如果在这种情况下被诱空，一定要及时修正交易的方向。

第三节　空方趋势线形整理

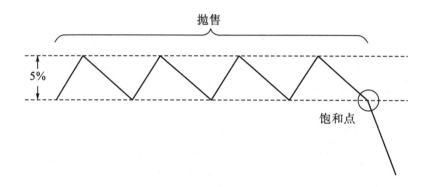

在重要的顶部和下跌中继整理中，还未能及时离场的投资者和投机者会趁着市场的氛围仍然乐观而持续地以较为温和的手法抛售股票。只要市场中的买力仍能承接，线形整理就还能继续维持下去。随着时间的推移，因为行情一直没能为交易者带来较好的利润，市场的人气度慢慢下滑，能够被承接的卖盘也会越来越少，积蓄满了空方力量的窄幅盘整走势就这样形成了。

而后，市场理所当然地无法承接更多的卖盘了，行情的运行就会出现饱和点。随着关键的跌破被确认，越来越多的持股者会在这里夺路而逃，任何妄想在这里抄底的资金都会很快地被空方的浪潮所淹没，很快市场中就不再存在任何能够抵抗空方的力量了，行情即刻就会像瀑布一样直泻而下。同样的，市场也有可能在这里做出一个向上的假突破诱多。务必小心随后惨烈的杀多行情，若不慎参与进去应当立刻止损。

第四节　能量包的实战应用

在实战的时候务必注意，在窄幅波动整理行情明确地选择出接下来的方向之前，市场中的多空双方力量总是处于一种微妙的均衡状态。即便能够通过其他的分析工具大致预判它未来的方向，也仍不建议在新的趋势明确前贸然去打开潘多拉的盒子。线形整理的研究总是非常微妙，有些时候线形之后的次级运动的方向改变了但基本运动的方向并未发生变化，有些时候线形之后的次级运动却会发展到足以改变基本运动方向的程度。

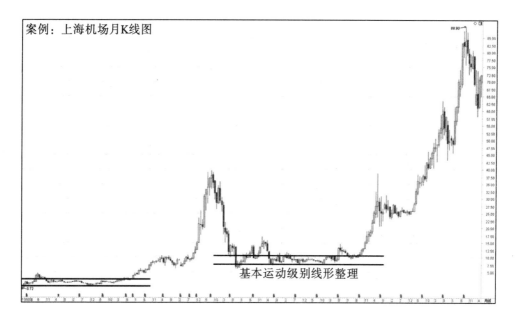

案例：上海机场月K线图

基本运动级别线形整理

线形整理不只存在于日常波动级别和次级运动级别，市场中也有基本运动级别的线形整理的例子。这种情况下的线形振幅往往并不止于5%，而是在较大级别的视角下依然保持着相对非常狭窄的线形。有时随着时间的流逝，持续了相当时间的线形的价格波动范围会变得更小，这样一来，其突破的重要性也会随之提升。另外，对于线形整理的变体，例如振动幅度较宽的矩形整理，若其运行时间足够长也能积蓄出非凡的力量。一般说来，对于振幅在20％以内的为期3个月的矩形形态，其突破后的行情利润空间很有可能会达到50％甚至更多。

思考，是最好的沉淀方式！

1. 窄幅波动整理技术为什么总是高度有效？

2. 哪些根据进阶水平线技术绘制出来的线更具有价值？

3. 市场中是否存在某些规律的价格运动模式？

第三部分
顺势而投的选股系统

选股是交易系统中最重要的一环，它对一次交易成功的贡献率可以达到80%。之所以没有把它放在第一部分，是因为选股的重要性更多地体现在对趋势思维的正确理解之上，有了前面两部分的学习之后，建立的选股系统准确度和有效程度才会更高。

顺势而投是在有趋势的基础上才能够顺势去操作。在笔者的体系中不会过分地强调预测，我们做得更多的是在趋势已经形成，并且没有出现明显的反转信号之前进行的一种"借势"的行为。所以选股不是猜测也不是幻想，是让个股已经走出来的趋势告诉我们可以去顺势。

第九章

不同大盘环境的选股策略

在任何一个国家，经济运行的状况都与金融，尤其是股票市场的运行密切相关。在现代的金融理论体系中，基于货币的信用，一个国家的经济构成了金融体系的基础，而金融也正是其经济系统的上层建筑，这两者之间通过货币构筑了深刻又复杂的正向循环系统和内部反馈系统，股票市场则在这两个系统之中扮演着晴雨表和调节器的双重角色。

重要指数价值非凡，它总是直观地把经济周期所蕴含的价值展现在人们眼前，深度理解重要指数的运动规律并熟练掌握相应的交易技术，是投资者迅速走向成功的秘诀。

第一节　A股晴雨表应用

股票市场总是在群体智慧的力量下向着对未来的预期前进，一旦脱离了价值就只会成为无根之木、无源之水。

在交易者们狂热地幻想着价值的时候，投资者和投机者总是能愉快地抽身撤离。在个股价格严重溢出价值的时候，想要不缩水地兑现手中的筹码对于任何人来说都是一件非常具有挑战的事情。

投资者所要做的事情是发现价值、挖掘价值、兑现价值；投机者所要做的事情是挖掘价值和兑现价值；交易者所在做的事情只有兑现价值。这其中的差别在于对市场和价值的认知不同。

在投资交易的实践中，永远记住要与价值投资并行。这是市场中最容易走的康庄大道，也是最为稳健的成功投资之路。

复杂的实际情况总会与想象中简单的理论模型存在一些奇妙的出入。比如 A 股市场在最初的 30 年就是"整体大势走牛"＋"疯牛短、狠熊长"的表现。对此，一些研究者已经总结出包括市场制度不成熟、市场参与者不成熟等在内的无数原因。然而作为趋势理论的学习者，我们不需要太理会专家们那些复杂解释，只要明白市场行为包容一切，清楚上证指数并不是按照道先生的方式编纂的指数，再根据趋势理论模型在牛市初期果断动手、在牛市末期果断撤离就足以应对行情的万般变化并从中获利。

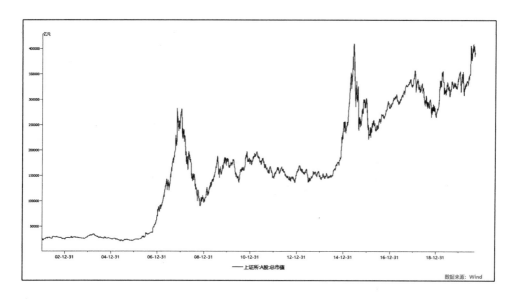

对于上证指数的观察还可以从另一个角度进行，比如说总市值。这里的逻辑在于 A 股 30 年以来上市公司数量很多但最终退市的很少，因而容纳了全部上海交易所上市公司的上证指数很有可能被上市公司的数量"稀释"了。对比 A 股总市值走势之于中国经济发展，不难发现它的轨迹模式可能更加胜任晴雨表的职能。由此我们不难得出结论，想要更好地运用市场的运行状况之于经济运行的晴雨表功能，有必要从更全面的角度去观察理解市场的整体运行状况。

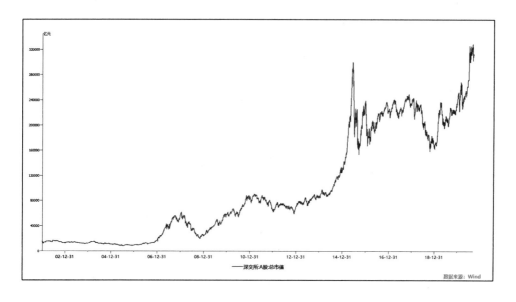

深证成指的晴雨表功能也是同样的原理。根据趋势理论的相互验证法则，将深证成指与上证指数一同对比观察对于理解市场的运行更具价值。由此，我们趋势理论的学习者对于 A 股市场的观察和结论依然秉承趋势理论一如既往的风格，是客观且可靠的。

第二节　大盘环境和指数的关系

指数编纂的规则是：

（1）在一个范围的不同门类中最具有代表性的少数股票；

（2）一个类别的全部股票。

既然规则如此，那么毫无疑问指数研究的就是"某一个整体"。

然而市场中总是存在这样一个客观事实：对于市场整体的投资业绩总是劣于针对其中最优秀的少数公司进行投资的回报。

这从侧面证明了查尔斯·H. 道先生所提出的选股原则具有非凡的价值。在江氏操盘的知识体系中，投资者想要获得明显超越市场平均收益的秘诀是：在牛市初期就优先选择能够持续增长价值的、未来业绩能够成长的优秀公司成长股；组合满足上述条件的三到五只不同类别的标的进行中长线价值投资。

也许有些人非常钟情于美国股神巴菲特看似"重个股价值而轻大盘走势"的做法，然而要明白在格雷厄姆先生和费雪先生传授给巴菲特的知识体系中，价值发现同样离不开国家整体经济持续向上的运行。巴菲特的神话是美国股市牛市向上 30 年的时代产物，用趋势理论来解释就是"他大部分时间都是在追随重要的基本运动而忽略了次级运动"，这么说的理由是巴菲特也有许多次投资的择时做得相当精彩，比如说他曾经对比亚迪公司的投资。可以说如果在市场中抱着对于价值的幻想去教条地学习巴菲特的做法，最终难免折戟沉沙，因为那是巴菲特绝对不愿意去做的事情。

简而言之，在市场中进行投资和交易一定要注意区别市场的状态。很明显，如果目前的状况是市场整体还将持续下跌一年以上，现在恐怕就一定不是动手投资的最佳时机；相反，如果我们发现市场整体的良好运行状况还将持续很长一段时间，那么长期持有市场中的绩优股、成长股、白马股等策略就将是非常明智的选择。

如果一些投资者朋友暂时还是难以用持仓相信市场本身存在的客观规律，而一定要从基本面的因素去追根溯源市场的动因才能战胜自己内心恐惧的话，江氏操盘也可以在此给出让你安心的答案。

第三节　指数趋势的确认

基于三重运动理论的技术分析是对于市场当下运动状态的识别，考虑到基本运动、次级运动和日常波动都会运行一定的时间，对于运动状态的识别在很大程度上也就是在预测未来的行情走势。尽管趋势理论本身无法精准预测到未来行情走势转折的时间，但是根据趋势的定义，投资者可以在趋势发生转折时完成对新趋势的确认。

查尔斯·H. 道先生对于趋势的定义是：

当后续上升浪突破前一个高点，且后续下降浪终止于前一个低点之上时，市场处于牛市；当后续上升浪终止于前一个高点之下，且后续下降浪突破前一个低点时，市场处于熊市。

当道琼斯工业指数与运输指数同时处于上升趋势时，可以确定整体市场处于牛市；反之则整体市场处于熊市。当两个指数不能互相验证时，市场整体趋势不确定。

指数趋势的自我识别是指通过同时识别三重运动的趋势状况来鉴别目前

市场的价格运动在趋势理论模型中的位置。在新趋势中，尤其是新的基本运动即将形成时，人们往往还陷在之前的惯性思维之中，对指数进行趋势的识别和鉴别能够避免误判市场。

对于重要指数所囊括的上市公司，通常可以分为若干大类。比如说制造业（工业）、运输业、服务业等等。其中制造业和运输业的状况最能反映出一个国家的经济状况，在指数之中也尤为重要。通过横向对比相互验证这两大类重要指数的趋势状况，就能够完成对于市场整体状况的确认。

采用工业指数和运输业指数进行相互验证的方法是道先生的首创，这种分析方式有着来自基本面方面的合理逻辑：

一方面，一个国家的经济状况很大程度上取决于其制造业所能提供的商品，以及运输业将商品运送到消费者手中的能力；

另一方面，很多发展中国家都很想要提升其自身的经济水平，但又大都限于制造业（包括能源类行业）和交通运输业（包括能源输送）等确实相对落后而且难以迅速发展的客观因素，因而无法实现经济的腾飞。

由此我们可以认定这两大类重要行业的经营状况对于一个国家的经济存在有重大的客观价值，因此我们格外地看重工业和运输业这两大类行业的指数运行状况就非常合理了。另外，指数之中很少包含农林牧渔类股票，主要是因为目前全世界的这类公司大都不满足声名显赫、业绩辉煌等要求。

对于指数的研究，道先生最初并不是为了交易，而是打算用这个理论来分析整体市场。但是——

（1）股票市场中各种股票价格间的波动相关性本来就是客观存在的，股票指数的出现只是发现了这种客观规律而非造就。股票指数的波动与个股价格波动之间的关系在本质上是"个股的价格运动状况总是受到整个市场环境的强烈影响"这一客观事实的具象化，并非是其成因。

（2）指数本身是其成分上市公司的股价走势集合，在某种意义上完全可以看作是由那些上市公司所构成的集团公司的价格走势；在成分股都是极其优质的公司的状况下，这样"虚拟"出来的集团公司就是市场中走势最好的、最具有代表性的一只股票。

所以基于股票指数的研究总结而出的趋势理论，从基础理论到技术实践在个股上总是高度适用的。

总结来说，趋势理论既不是抽象的假说，也不是赌徒用来战胜市场的工具，而是在先贤们所传承的智慧的基础上发展完善了一套系统的富有艺术性的分析市场的哲学思想和科学方法。

1. 发现潜在的价值

在研究指数之前，我们必须编纂出一个真正有价值的指数。在这一方面，我们有必要严格按照查尔斯·H. 道先生的方法来执行。需要说明的是，尽管股票本身确实具有现实意义上的基本价值，但"价值"这个词汇却超出了经济学和金融学范围。

"价值"从原始社会开始就是被人定义出来的相对概念，它是由社会环境的需求和供给在人们的心中定下的锚。从供给来讲，比如在物资不流通的古代，美丽的珍珠和美味的海鲜在海滨城市并不是那么值钱，但放到内陆恐怕就只有贵族能够享受。从需求来说，如果某人迫切地需要一种偏门的药来治病救人，这种药物对于他来说无疑就像生命一样价值非凡，但是对于其他人则很有可能一文不值。再比如在和平国度长大的人总喜欢玩一些战争游戏去找找刺激，然而在战争地带挣扎的人宁愿付出生命的代价也愿意为自己的家人谋求一时的安宁。

社会现象就是这样。随着供给和需求的变化，一个事物在人们心中的价值完全可以发生翻天覆地的改变。因此，我们对于价值的估计一定不能从狭隘的视角入手，也不能机械地运用充满了不现实假设的经济金融学理论，而一定要动态地注意社会成员主观估价的变动结果。

伟大的投资者总是能站在客观的角度、跨越时间的周期来看待价值在人们心目中的变化，这也是价格变化的动因——投资者们在人们即将认识到事物的珍贵时大胆买入，在人们狂热追捧珍贵的事物时果断卖出——成功的投资不是看你现在用了多少钱去建立交易头寸，而是看若干个月后是否有人渴望用明显更高的价格把它从你手里买走。至于如何发现并利用这样的机会，重要的股市指数就是被摆放在每一位投资交易者面前的藏宝图。

2. 了解指数的编纂

现在的股票交易软件已经非常方便，几乎可以把任何一篮子股票根据不同的指数算法编纂成指数。但是胡乱编制的指数只会耽误投资交易，想要让指数高度具有价值必须要有科学合理的方法。

目前主流的指数编纂方式共有两种。

其一，在具有投资价值的股票中，选取各类最具有代表性的公司加入指数。

要注意，道先生所制定的选股规则是"根据上市公司的行业分布、经济实力等一系列因素选择适当数量的、最具有代表性的股票"。尽管这一条并不在大众对于技术分析的认知范畴之内，但是全世界所有重要指数的编纂大都在相当的程度上符合这个原则，所以在运用指数进行技术分析时大可不必担心其有效性。

历史经验也证明了道先生这一思路的正确性和卓越价值。真正的好股票是很少的，只有真正好股票的集合才能代表国民经济的状况。优质的公司往往在牛市中会有着相当亮眼的表现。而当真正优秀的、具有代表性的上市公司的股票价格都开始因为某些原因而集体陷入了下跌时，极大概率的整个国家的经济恐怕也已经出现了问题。

根据道先生的方法编纂而出的指数通常包含的股票不会超过市场整体的10%，比如道琼斯工业指数、央视50指数等等。这些重要的指数本身都具有相当的分析价值，其中的股票在牛市中也大都表现得优于平均水平。对于指数成分股进行深度挖掘的道氏十法的精髓也在于此。

其二，把某个类别的所有股票统统塞进指数中。

这种方式更适合用于行业指数和概念指数。相比于反映市场整体的大盘指数，只要成分股确实与相应的主题或题材关系密切，这样编纂出来的指数对于市场行业或概念的动态追踪就会更为明确，对于进行集团性资金的分析更有帮助。但是当这种编纂方法所涉及的股票数量超过一定程度之后，指数的准确性和价值就难免因为关联性较差的股票和经营不善的公司的拖累而逐渐降低。

例外的情况是，如果参与市场的大部分人都在关注按照这个方法编纂的某个指数时，比如说 A 股市场的上证指数，因为此时这个指数就变成了市场的整体环境和整体情绪，其分析价值就因为影响力而变得巨大了。

第四节　经济循环和市场循环

股票市场牛熊循环的动因在于经济循环所带动的资金流通。在经济持续向好时，包括机构在内的各路投资者手中持有的现金会持续增加，此时投资者出于各种原因会倾向于将更多的资金投入股票市场，牛市因而受到外力的推动而持续上涨，甚至还可能因此而自我强化。市场中多方买入意愿会一直持续地大于空方卖出诉求直到经济前景不再乐观。此时多方资金进入市场的速度会逐渐变缓，而空方的卖出诉求会逐步抬头。当空方力量超越多方时，牛市也就进入了尾声。在经济持续低迷时，投资者们对于市场的态度会转为现金为王，投资策略也会更倾向于安全稳健的非股票保值方式，资金整体会持续的从市场中流出，市场指数也因此会持续沿着熊市的方向前进。此时市场中空方卖出诉求会一直大于多方买入意愿，直到经济状况再度复苏，投资者会逐步地开始布局拥有良好价值的股票。类似的，熊市会在多方力量超越空方时进入尾声。

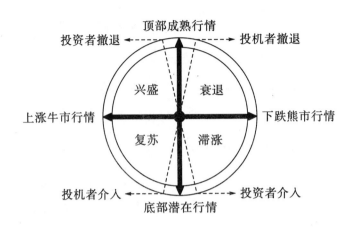

由此，牛市会在经济盛极而衰时被空方否定而结束，熊市会在经济否极泰来时被多方否定而结束。基本运动的牛熊交替在宏观层面上是市场在否定之否定原理下曲折发展的过程，也因此所有机械式的思维在股票市场的最终都只会是缘木求鱼式的失败。唯有辩证式的投资哲学和博弈式的投资智慧才能更好地指导投资者完成出色的交易。这也正是市场中真正成功的投资者和投机者们成功的秘诀。

《趋势理论》对于技术的研究都是存在于投资价值的基础之上的，这是关于技术派交易最终导向的答案。单纯的技术并不能解决实质上的问题，市场中也不存在任何一种交易技术能够让投资者在垃圾堆中长期稳定盈利。技术的展现必有动因，价值的展现必有结果。价值与技术之间的平衡是市场中经常被人们所忽视的真相之一，成功的投资者必须在相当程度上能够均衡好这两大要素之间的关系。

价值投资并不是让人像梦想长生不老一样地去追求长期地持有价值股，那是机械地学习价值投资所产生的误区。投资者在合理的时机买入并持有具有卓越长期价值的股票并以此获得非凡的收益是经典价值投资理论中的合理行为。理所当然的，这笔相当美妙的交易也应该在合理的时机予以兑现，因为经典价值投资理论是建立在美林时钟周期循环的基础之上的，其所描述的市场价值会随着经济逐渐地步入衰退和滞涨而蒸发，必须要在此之前止盈出局。

　　价值因为人类而存在，自然会因为人类时代的更迭而兴衰。世界上没有永恒的价值，只有永恒变化的市场。世界上最早的一批上市公司早已烟消云散，但最早的交易所依然矗立在阿姆斯特丹。交易者在市场兑现价值时选择兑现利润总是非常合理的，谁也无法保证一家看起来非常棒的公司不会在两年后离奇地崩塌。不过，在市场疯狂的时候，冷静地让自己的持仓多"飞"一会儿也不是什么坏事。

第五节　运用重要指数

　　本章所有的内容都是围绕着"重要指数"进行讲解和探讨的。在更进一步地从重要指数深入市场的根本规律、运动结构等内容之前，我们有必要就指数本身再展开一些讨论。

　　1. 指数对应着相应类型股票的整体运行情况

　　与道先生当年只有道琼斯工业平均指数时完全不同，我们中国国内的各类指数恐怕已经至少存在数百种，其中既有可以追踪市场整体状况的，也有根据一级行业、二级行业等方式进行分类的，还有根据某种概念或重要产业链进行分类的。对于指数，只要其中超过三分之二的权重股票之间是存在某种同样的重要联系的，那么它就具有一定的分析价值。当然，这一切的前提是，这种用来区别指数成分股与非指数成分股的"概念"本身是具有价值的。

　　以有效的概念指数为基准，当这种概念指数本身从不具有人气到开始被市场关注，其成交量一定会发生明显的变化，指数价格运动也必然早已止跌。此时在与指数的概念密切相关的股票中，先于指数本身见底的那一部分总是有望先于指数本身起涨，潜在地成为整个指数运行的"领头羊"。而后当指数起涨时，真正领涨的龙头股有 80％的概率会从潜在领头羊之中产生，另外 20％则是从强势形态中杀出黑马的例子。

在这个过程中，指数反映的是市场参与者的心态。如果看好的人多、看跌的人少，那么多方力量就会变强、空方力量就会变弱，此时市场的需求会大于供给，上涨行情也就非常值得期待了。反之，则下跌行情很快就会发生。这一套简单的多空逻辑适用于对于任何重要行业或概念指数的解析，交易者也可以根据这个原理在行业或概念指数中找到潜在人气最旺的龙头股。

2. 根据指数的运动状况拟定具体的战术策略

要注意的是，热点概念、板块及其龙头股的战术在市场整体处于牛市、熊市或不确定市的情况下总是完全不同的。比如说在熊市中龙头战术总是难以施展，因为市场在这种状态下根本没有龙头；在牛皮市或熊皮市中使用龙头战术则总是很容易遇到假突破和假起涨。类似的市场交易失败还包括妄想凭借着运用 K 线战法、均线战法或指标战法等打败市场浮躁的思想。

上述问题的本质都在于股市指数（如道琼斯工业指数、深证成指等等）反映刻画的是股市的整体情况，依据整体大于局部理论，其重要性并不是刻画局部的行业或概念指数可以比拟的，也绝不是可以被轻易忽视的。少数表现强于大盘指数的个股终究只是少数，其异类行情背后隐含的是强有效的驱动逻辑、强大的资金助推和很低的成功率。因此不论采用什么样的交易战法或方式，在市场中过于急功近利的结果往往只会折戟沉沙。要明白"市场中80％以上的股票总是以类似的方式进行着运动"是在道先生创立道琼斯工业指数之前就存在的客观规律，然而直到现在都还有很多投资者并没有意识到这一点。所谓的"轻大盘而重个股"只能在牛市和结构性牛市中使用，在熊市中贸然相信这句话，最终只会遭遇失败。

对于上述内容，江氏操盘有一句原理性总结：对于市场的下跌趋势，任何做多的战法或技术最终只会统统无效。

基于以上论述内容我们还可以得出一个推论：在熊市或震荡市等不利于

做多的背景下，如果存在明确的、具有价值的中长期投资主题，在其相应行业或概念指数处于局部牛市的状态下，投资者依然存在着良好的盈利机会。

关于这一条推论的正确性，我们可以通过回顾 1990 到 2020 年之中熊市的时候医疗医药类行情的整体表现来证实。基于国内人口老龄化程度的加剧和国人们越来越高的医疗需求，医疗医药类股票中有相当一部分在市场整体熊市时确实走出了相当亮眼的上涨趋势行情。

思考，是最好的沉淀方式！

1. 如何进行仓位规划才是更为合理的投资交易方法？

2. 市场中的投资主题与交易热点之间的区别在哪里？

3. 技术分析三大公理对于投资而言到底意味着什么？

第十章

价值对个股上涨动因的驱动

无论是投资还是投机，其目的均是希望在市场中获利，但是两者却有着本质的区别。投机是一种零和博弈，是让财富从一部分人口袋向另一部分人口袋转移的过程，它本身并不创造价值。投资则是鉴于上市公司本身的发展能力，就像是从少年成长为一位成熟的社会栋梁一样，这个过程是创造价值的。

虽然在 A 股中，价值投资的风声刚刚响起，但是也为这个更加成熟的市场指向了一个明确的方向。随着注册制全面推进，A 股的上市公司越来越多，不只是散户在选股，主力也在选股，市场中能够集中起来形成"优势资金"的力量是有限的，所以对于散户来说不是选具有价值的公司，而是选聪明的资金认为具有价值的公司。

第一节　价值分析的要点

查尔斯·H. 道先生选择用于编制指数股票的方法在很大程度上已经表明了价值的所在，然而那只是道先生基于反映市场整体价格运动的目的而创造的选股方式。投资选择并不应当与指数编纂运用完全相同的思路，重要指数成分股的筛选方式并不是唯一的价值投资答案。

为了更好地发现和投资价值股，我们有必要将其客观的价值情况进行明确的分类。通常在一段较长的时期中，个股提升并体现其价值的方式共有三种：

（1）公司业绩持续高成长

这是最为理想的状况，但往往可遇不可求，因为像这样优质的公司在市场中很难超过5％。通常能够被道先生的指数成分选股筛选方式所选择的股票很难表现出这种状况，因为它们往往都已经是很大的公司了。

对于持续高成长类型的上市公司要优先在朝阳行业中进行选择，其次在能够填补行业分支较大空白的方向上下功夫。经营良好、企业家才能卓越、市场未来空间巨大的中小型上市公司更容易表现出公司业绩的持续高成长。比如说总是日新月异的高科技类型上市公司，符合国家重要长期发展规划的优质企业，又或者在人口老龄化进程中的医疗医药类公司等。

（2）企业资产整合、兼并和重组

市场总是喜欢对各种资产重组进行炒作。因为在资产兼并重组成功之后，上市公司的新估值往往与旧价格之间存在巨大的价差，股民们对这种类型的价值总是有着非同一般的投机热情。

然而随着监管系统的不断完善，一些非必要兼并重组总是不太容易成功。投资者大可不必在垃圾股中过于期待企业的资产重组能给自己带来多少暴利，除非某些非常具有实力的资本或机构在其中参与了运作，又或者国家企业改革确实需要进行一些重组。

不过，能够巩固上市公司核心竞争力以及完善其产业链的资产运作并不太需要过度背书。只要关键项目成功运作，上市公司业绩高成长就总是能带动其股价快速上涨。

（3）随着经济复苏而改善经营状况

对于周期性行业和服务业来说，这样的表现无可厚非，参与其中行情的聪明资金也总是周期性地追捧和冷淡它。但如果这种特性出现在并非属于上述两种类型的上市公司中，那么它的发展前景就令人担忧了。能够增长数十上百倍的真正的好股票较少会出现在这个分类中。

基于上述三种分类，要直接在上千家上市公司中优中选优将会是多么海量的工作。所以我们也需要借助一些工具或者其他人的成果来提升选择投资标的的效率。具体说来有以下三种简单可行的方法：

方法一，选择朝阳行业和新兴主题概念；

方法二，依据国家重要政策文件选择方向；

方法三，在优秀指数成分股中使用道氏十法。

市面上关于选择价值股、成长股方面的书籍有很多。对于价值投资存有疑惑、抱有疑问的朋友建议去看费雪先生的书，他是巴菲特的第二位老师，他在股票投资风格上对于股神巴菲特的影响更甚于格雷厄姆，具有相当的学习价值。

在这里着重解释"道氏十法"及其中国特色的应用方式。

最初的"道氏十法"建议投资者买进道琼斯工业平均指数中收益最高的10种股票，它被认为是有史以来最为成功的投资方法之一。数据表明，这种投资方式不仅长期跑赢了道琼斯工业平均指数，还在年化收益率上跑赢了标普500，超过2.5个百分点。

在中国国内，因为产业迭代迅速，上市公司兴盛和衰落的速度比海外快速了许多，对于真正优质的、能够长期发展的上市公司的价值挖掘工作无疑更加有必要和有意义。

在这里推荐MSCI指数和央视50指数作为价值挖掘的第一洼地。前者是众多国际分析师在中国超过4000家上市公司中精选的不到300家具有代表性的企业，其中不仅有声名显赫、居于世界前列的标志性上市公司，也有很多小而美又富有潜力的中小型上市公司；而后者江氏操盘创始人、本书作者也全程参与筛选，其对于优质股票的筛选严格程度可以说是百里挑一了。在这两大指数里运用"道氏十法"或者深度挖掘价值股都是不错的选择。

第二节　机会性投资

笔者不得不在这里再次讨论这个词汇，因为对于"投机"这个词语，人们对它总是带有贬义。我们这里所说的是投机实质上是"机会性投资"，它与恶意钻营倒把不同，也不是盲目地参与赌博。这里面的关键差距在于对于机会的目的性和控制力不同。投资者所做的事情是发现价值、挖掘价值并在最后兑现价值，这种同时富有艺术性和科学性的行为对于经济的繁荣和社会的发展实质上应当是有益的，否则就偏离了投资的初衷。

比如说寒冬将至，商人们看到了秋冬季羽绒服的销售机会。如果在此时大量购进原材料从事生产和销售，对于气候带来的购买力进行投机，那么投资了这个机会的商人不仅自己把握机会赚到了钱，人们也穿上了温暖舒适的衣服，可谓是皆大欢喜。在这个过程中商人付出了成本、承担了风险、满足了需求，最后获得了收益是理所当然的事情，人们甚至还会称赞商人具有出色的投资才能。然而如果商人在大量购入了原材料之后囤积居奇，控制了保暖衣物的供应，让人们为保暖不得不付出相当的代价，那就不能算作是"有智慧地进行投机活动"了，这种害群之马也应当被严厉谴责。

投机往往需要在一定程度上进行类似于赌博的冒险，甚至有时候难免受到一些来自道德和伦理上的质疑，但不可否认的是投机活动本身对于人们和社会确实是很有必要的。比如说比尔·盖茨辍学创立微软就是对于家庭微型计算机的机会性投资、马云创立阿里巴巴就是对于中国互联网＋的机会性投资……在广义上所有的投资都是向着某种机会去的，成功的投资也因为能够推动经济的发展和社会的进步而具有非凡的意义。当然所有的投资必然承担一定的风险，区别在于一般的价值型投资所需要面对的风险在刨除系统性风险的因素之后往往比较容易控制，机会性投资所需要面对的风险则总是稍大一些。聪明的机会投资者总是会想方设法地把失败时可能产生的亏损控制在可以承受的范围内。

成功的机会性投资比其他任何专业活动都更需要勤奋、智慧、耐心和精神自律。谦虚和谨慎则是投资者在面对机会时所必须具有的素质。另一条非常适用于投机者的市场准则是：所谓正常的市场从来都不曾存在过，如果在市场中频频犯错，甚至因为判断错了趋势的方向而遭受了巨大的损失，那么就应该暂时退出市场，直到重新找到交易的状态。

思考，是最好的沉淀方式！

1. 应当如何修改 A 股指数的编纂规则才能够更加胜任晴雨表的职能？

2. 经济周期与三类投资价值之间的关系是什么？

3. 投机性投资的思想应当如何应用于股票投资市场？

第四部分
顺势而投的决胜根本

在交易中，很多时候我们都花了太多的精力在解决"我和市场"的关系，却忽略了"我和我自己"的关系。从数位交易大师以及我们数千位学员的交易经验中，我们发现处理好后者的关系比处理好前者的关系更为重要。

第十一章

趋势、我和能量

股票市场的价格波动是有规律的，我们应力图认识这些规律并加以利用。

第一节 我想赚什么钱

1. 投资者

一般来说，真正的投资者都是市场中的赢家。投资者作为"聪明资金"总是深谙市场的自然规律，在格外重视基本运动的同时，也非常关心社会政策、科技、经济等因素的发展变化。

市场是一种有序性混沌，其中各个周期的价格运动总是同时发生但方向却并不经常完全相同。市场的基本运动由自然法则所决定，市场行为所构成的基本运动必然依照自然规律进行发展并按照趋势进行演变。

投资者很清楚"基本运动乃是大势所趋，不可能被人为操纵"的原理。在投资者的眼里，基本运动反映的是市场发展乃至经济变化的自然规律，具有很强的规律性。基本运动的变化最终总是可以被基本面的客观事实所证实。

市场中总有些人会站在理性的反面，他们特别喜欢闭上眼睛胡乱抱怨说市场总是被人操纵。然而如果有人真的想要干涉市场的基本运动，仅在资金方面所需要的量可能都需要以百亿为单位进行计算，对于这样大笔的融资，恐怕国内任何一家大型银行完全停摆所有业务也不行。可能有人会以美国在2020年全球疫情时运用政策强行扭转了市场前进方向的事件作为反驳，然而那其实是在修改了交易规则的基础上释放了数万亿美金入市所造成的"虚假的繁荣"，是用实质性的政策手段和财政手段强行绑架了市场的运动方向的行为，而这也是已知的唯一一种会让晴雨表暂时失去某些功能的做法——如果去研究2020年1月1日到6月30日那一段历史，你可以看到美国政府在那段时间中不仅一次又一次地发钱去补贴其国内公民的生活开销，还试图运用各种举措挽救在疫情之下突然衰退的经济。不过就算市场发生了突变，重要股票指数的行情也依然在按照趋势理论所提出的三重运动理论在运行，我们只要按照趋势理论的要求重新修正对于行情的分析判断，也依然可以稳健地从市场中获得盈利。基本运动终究不可能被人为操纵，唯有顺势投资才是市场的真谛。

2. 投机者

投机，我们采用的意义为"投机性投资"或是"机会性投资"，因此，真正的投机者在市场中其实并不是特别多，他们大都是市场中的赢家，只有少部分属于亏损者。

在这里还要解释一下，不管是听消息炒股还是跟着所谓高手进行交易，都不可以归类到投机者之中，随后的交易者分类更适合这种情况。另一种应当归类为交易者的情况是"机会主义赌徒"，他们对于股票市场存在着狭隘的偏见，比如认为股票市场就是赢一半输一半的赌场，或者干脆妄图凭借自己的小聪明去对抗那些未知的、训练有素的头脑，他们的交易结果自然可想而知。

机会性投资既不能靠猜测完成，也不会是赌博的结果，它是一种精明的交易活动。在任何领域中，稀缺人才只会是凤毛麟角，他们也会因其难以替代的独特价值而获得巨大的财富回报。简而言之，要想在股票市场获得成功一定需要付出大量的努力，这恰好正是机会性投资者成就自己的最快捷径。

作为精明的专业的机会性投资者，熟悉市场的结构和节奏是重要的基本功。投机者的主要交易对象是股票市场中次级运动的走势，在一买一卖中稳健地获利。需要明确的是，看似次级运动的走势对于投机者的交易起主要的影响作用，但这只是基本运动不显山不露水的缘故。比如在熊市阶段，大多数投机者即使看到了很好的机会也不会轻易地重仓参与。至于还有部分投机者是股票市场中输家的原因，主要是因为次级运动本身是非常具有诱骗性的价格运动，有时甚至还可能会走出突兀又不太规律的行情，对于专业技术并不精湛的投机者来说偶尔交易失败也是在所难免的。

因此，对于每一位投机者来说本金的安全永远都是第一位的。特别是那些资金量较大的投机者，只要市场中的流动性并不是那么充裕，进出市场的动作过快就难免会引发短期的大涨大跌。在这种情况下的投机者看似是具有操作市场的能力的，然而事实却并非如此。

所谓的市场操纵行为即使充分运用资金量的优势，也只可能在日常波动和次级运动中起到有限的作用。股市的运动从来都不是源于偶然的，妄图通过操纵或欺骗的手段控制市场并以此获取利益都是不可能的，金融监管层更不允许。

只要投机活动违反了股市运动的基本规律，即使凭借资金优势去影响市场也必将很快陷入难以为继的尴尬境地，并最终在错误的交易中败北。

3. 交易者

交易者主要是指"散户"（个人投资者）。他们是参与交易的普罗大众。他们不仅是市场中最为活跃的群体，也是一股不可忽视的市场力量。但客观地讲，这一部分人大都是市场的主要亏损者。

交易者，作为一个群体极易受到外部环境的影响，也很容易被人为地诱导，因而总会不由自主地做出各种不明智的投资交易行为。散户作为非专业的投资者，在实际参与投资交易的过程中常常暴露出其人性弱点，往往被眼前变幻的市场所迷惑，对于日常波动行情总是格外注重。

如果对于交易者进行更进一步的分类，还可以将之分为"有风度的散户"和"缺乏风度的散户"，这两者在面对交易成败时的表现截然不同。我们不妨以"听消息炒股"这种散户的永恒经典操作为例展开分析。

市场中的信息可以简单地分为三类：重大财经新闻、一般市场消息、冗余垃圾信息。其中重大财经新闻一定会是投资者和投机者重点关注的对象，它们能让投资者更清晰地了解市场，能让投机者发现未来的潜在机会。而归属于冗余垃圾信息的所谓市场传闻、小道消息、内部消息、绝密信息等往往总是交易者们的偏爱，它们可能来源于某个传闻之中的上市公司高管，也可能流传在某个网站的股吧论坛之中……总之，冗余垃圾信息要么来源于市场边缘人物的那些令人遐想联翩的模棱两可的话语，要么干脆就是难以追根溯源的假消息——可想而知，根据冗余垃圾信息交易的人最后会遭遇什么。

好了，这两类散户都已经因为其确信的消息最终发生了严重的亏损，现在我们来看看他们的反应。

对于第一类散户，风度是说他们的豁达、乐观、胸襟和潜力，用发展的眼光看他们更合时宜一些。有风度的散户并不会因为经常发生的失败而怨天尤人，也不会在成功之后夸夸其谈。他们相信自己聪明的头脑和才智，并且愿意潜心学习在股市投机交易中所需要的知识。对于这一类人，失败一定只是暂时的。不难想象他们很快就会抛弃无用的冗余垃圾信息，逐步脱离交易者的行列，加入赢家的行列之中。

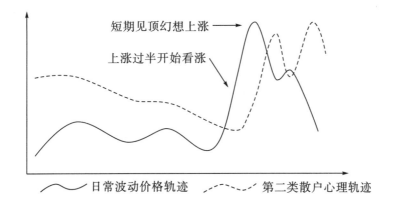

而对于第二类散户，缺乏风度说的是持续亏损的他们所共有的固执己见、贪婪利润、耍小聪明、懒得复盘、不愿学习……就笔者打过交道的某些缺乏风度的散户来说，他们可以在五笔失败的交易中犯下超过五种的重大错误却不愿采纳任何可行的建议，而仅将一切归为时运不济或主力太坏，可想而知他们在之后的股市生涯中还将遭遇些什么可怕的事情。

第二节　如何与人性的弱点和谐相处

人类的心理活动是非常复杂的，但又存在着相当简单的模式。然而所有未经训练的心智和思维的"复杂和简单"并不直接与市场的结构和模式相对应。在实际的投资交易活动中，投资者、投机者和交易者之间也并不存在严格的界限划分，市场中的一些人甚至可能同时扮演这三种角色。希望你能理解"投资者、投机者和交易者"模型所要表述的是基于三重运动的特性，不同级别行情的参与者所最有可能呈现的样子，或者说主要的心理活动倾向。

比如说以投资为主旨的市场参与者小明同学，他认为自己完全有必要在指数整体即将发生转势时格外注意日常波动的异常变化情况以更好地理解分析市场。也许小明他会在整体撤退的过程中即兴地用小钱做出两手无伤大雅的亏损买卖，而后再次确信自己在日常波动级别中并不具有任何特殊的天赋。又或者小明在发现了阶段性的风险时选择暂时将一部分仓位撤退，这样他就能够用更多的资金去参与未来的好行情。

再比如以投机为导向的市场参与者小兰同学，她有可能因为拿捏不准某次次级回调运动而选择不贸然调整仓位，这可能从结果上导致了她在这个头寸中的长期持有。但是在小兰同学看来，她只是在某次投机交易中错失了机会。小兰同学还有可能会因为某种原因，比如说被小明同学拒绝了告白，而暂时性地陷入低落的情绪之中，不过她在作出了几笔毫无章法的交易之后迅速冷静了下来。

对于上述两种情况，我们根本无法就其个人行为去将小明同学和小兰同学盖棺定论为一定是某种类型的市场参与者。何况他们两人完全有可能在一年之前还在某个老板手下打工，而在那段时间里他们因为判断市场是熊市所以干脆就没做任何股票交易。

市场中也有极少数能够把握住日常波动脉络的天才确实可以通过短线交易而成为市场中的成功者，比如年轻时候的利弗莫尔。但大多数的日常波动行情的参与者实质上都是输家。而并不熟谙市场的散户也有可能因为某种原因而在相当长的时间内不再交易，于是若干年后在牛市尾声，这位好运的散户突然惊讶地发现："哇喔！我居然赚了这么多啊！"

在股票市场中要成为哪一种投资交易者、塑造哪一类投资交易风格完全是投资人自己决定的事情，也只能靠自己决定。随着交易经验的丰富和投资风格的成熟，投资者一般都会在强化某一个交易风格的同时弱化另外两种，这也是众多投资交易大师都有过的经历。

现在我们再把思绪从三类投资者的身上转移回到三重运动之中，可能你已经感受到了一些隐藏在市场背后的旋律和情绪。股票市场在人们的一买一卖中持续地演化着价格的轨迹，这些交易是参与者人生的一部分，也将反过来影响交易者们的一生。随着价格的上涨，可能有人脸上浮现出了欢喜，可能有人心里满怀着遗憾，还可能有人已经陷入了愤怒，但一定有一些人是保持着冷静的。当情感如此丰富的人们开始按照他们所想的方向进行交易时，每个人都会惊喜地看到市场中总是存在着对手盘与自己成交。然而在市场中最终盈利的人并不会在意他们自己情绪的颜色。

"下单的时候，要把自己当作是一个没有感情的杀手。"

类似的还有历史学家研究历史时的重大发现：人类唯一能从历史中学到的事情就是人类不从历史中学习任何东西。而上述事情的原因又被心理学家解释了：人类的群体的思维是感性的、无智的，"它"会温驯地被少数聪明人用情绪这条牧羊犬放牧。

思考，是最好的沉淀方式！

1. 应当如何修改 A 股指数的编纂规则才能够更加胜任晴雨表的职能？

2. 经济周期与三类投资价值之间的关系是什么？

3. 投机性投资的思想应当如何应用于股票投资市场？

我们的使命

帮助亿万投资者树立正确的投资理念，远离投资失败的痛苦，实现财富稳健增长！

我们的愿景

提高中国人的财商，为每一个中国家庭培养一名合格的财富管理经理。

我们的宗旨

为客户提供实战、实效、实用的投资教育培训，为客户创造价值是我们永远的追求。

江氏操盘课程体系

江氏精品课

1. 趋势天机3天2晚

2. 短线操盘真经3天1夜

3. 牛股起涨十大模型3天1夜

4. 牛股操盘八大秘笈3天1夜

5. 股市立论与财富革命3天2晚

6. 操盘学3天

7. 短庄套利模型3天2晚

8. 黄金大阳线2天1晚

9. 黄金分割2天

10. 涨停套利模型3天

11. MACD趋势之道1天

12. 趋势天机精品班3天2晚

江氏弟子班

1. 黄金K线3天2晚

2. 形态天机3天

3. 波浪理论3天2晚

4. 黄金解套3天

5. 波段与量能天机3天2晚

6. 盘口定乾坤3天

7. 波段结构天机3天

8. 五维六法3天

9. 交易心理与神修7天

嫡传弟子班

（包含所有江氏弟子班课程和6次密训交流会）

1. 道氏理论10天6晚

2. 高级均线与操盘训练5天

3. 作量法则3天

4. 高级盘口3天

5. 操盘智慧3天

6. 基本面分析与调研5天

2019.5.24~5.26好人好股孙清（江海）老师《股市立论与财富革命》

20181103-1105中和应泰好人好股江海老师《黄金K线》大合影

江氏操盘　海纳百川　携手江氏　势不可挡

　　"江氏操盘"是创始人江海老师历经20年、数位江氏团队核心成员历经数年打磨而成的一套A股完整的、成熟的、具有实盘交易价值的操盘体系。如今，江氏人遍布全球各地，有数以万计的学员、逾400名弟子。然而，我们坚信，这只是开始！

　　对于技术，"江氏操盘"是海纳百川的，它以趋势理论为立足点，诠释了股价运行的核心逻辑，融汇了国内外一系列经典的投资工具。对于A股，更是专注于它的特征——政策市和主力市，形成了独特的主力资金追踪系统，足以应对牛熊的轮回。

　　对于人，"江氏操盘"是海纳百川的，它博大精深的内涵不仅能够解决任何一位交易者在操作上的问题，还帮投资者找回了藏在心底的正知、正念、正行。它的焦点在于投资方法，它的胸襟可以包容众人。它接受每一位善用体系、立志从无知走向卓越的投资人和交易者。好的教育不仅是给予知识，且能使人为人！

　　"江氏操盘"弟子是江氏操盘体系的中坚力量。每一位江氏人都是体系的构筑者，是大家的齐心协力让体系日益完善，是大家的坚定不移才让更多的投资者在证券市场中披荆斩棘。每一位江氏人都是体系的捍卫者，我们把系统作为我们的信仰，把系统的发扬和传承作为我们的使命！

　　虽然我们每个人都是一个微不足道的个体，但是我们愿意将我们所有的能量汇聚在"江氏操盘"这套系统上：一群人、一套系统、一个信念、一辈子！